竞争新边界

谢祖墀 （美）黄昱◎著

台海出版社

图书在版编目（CIP）数据

竞争新边界 / 谢祖墀，（美）黄昱著 . -- 北京 ：台海出版社，2020.8

ISBN 978-7-5168-2655-3

Ⅰ . ①竞… Ⅱ . ①谢… ②黄… Ⅲ . ①企业管理—战略管理 Ⅳ . ① F272.1

中国版本图书馆 CIP 数据核字（2020）第 125186 号

竞争新边界

著 者：谢祖墀 （美）黄昱	
出 版 人：蔡 旭	封面设计：张合涛
责任编辑：姚红梅	

出版发行：台海出版社

地 址：北京市东城区景山东街 20 号　　邮政编码：100009

电 话：010-64041652（发行，邮购）

传 真：010-84045799（总编室）

网 址：www.taimeng.org.cn/thcbs/default.htm

E - m a i l：thcbs@126.com

经 销：全国各地新华书店

印 刷：艺堂印刷（天津）有限公司

本书如有破损、缺页、装订错误，请与本社联系调换

开 本：880 毫米 ×1230 毫米	1/32	
字 数：192 千字	印 张：9	
版 次：2020 年 8 月第 1 版	印 次：2020 年 8 月第 1 次印刷	
书 号：ISBN 978-7-5168-2655-3		

定 价：69.00 元

序一 蓦然回首，原点就在眼前

这本书两年多前开始酝酿，从开始理念的构想、推敲、下手写、讨论、修改，再重复几遍，到今天，总算看到它的完成稿了。

我很荣幸能够与黄昱先生合作撰写这本书。我认识黄昱已经有十几年，他是一位非常出色的咨询顾问，同时他亦有极高的艺术创作造诣，我们一起在不少的咨询项目上合作过。尽管我们的项目一般都是非常复杂的，而且客户组成比较多样，涵盖了外企、国企、民企和政府单位，我和黄昱的合作却是非常顺畅和愉快的。因为他是一位思考者，对问题愿意深入思考，不轻易人云亦云。

在长期合作期间，我们发现许多企业领导者都非常迷茫，因为他们觉得外部环境日益复杂、变化又快、不确定性特高。因此，他们对于未来产生了一种莫名不安的感觉。

有一天在与一客户开完会之后，黄昱与我提起了葡萄牙人于16世纪启动的大航海时代：他们面对茫茫大海，在航海技术还不是非常发达的时候，他们要去寻找一个遥远和向往的国度——印度。我们很快就形成了共鸣。当时葡萄牙人面对着对大自然的无知、不确定性，心里却有一种无畏与追求，与今天许多企业领导者面对着前景的无知和不确定性在本质上是不是也有着不少相同之处？优秀的企业领导者心里亦是有着一种对成功的追求和无畏感。正如当时的葡萄牙人，优秀的企业领导者亦是通过不断的学习、反思、改进的过程来取得进步。

我和黄昱在讨论的时候亦谈到"断层"（亦可称"非连续性"）的概念。在1988年加入麦肯锡公司美国旧金山办事处工作之后，我已经学习了许多事物往往是以非线性形式出现的本质。当时一位非常著名的资深合伙人理查德·福斯特（Richard N. Foster）是企业创新方面的专家，在他的著作中经常以S曲线来说明事物非线性发展的现状。S曲线的拐点往往代表着事物的非连续性。到2006年，当时我已经是世界历史最悠久的管理咨询公司博思艾伦（Booz Allen Hamilton）的大中华区总裁，我与合伙人何德高（Ronald Haddock）合撰了一篇文章《管理中国市场上的非连续性》（*Managing Discontinuities in China*），把断层/非连续性的概念带到了中国商业格局中来。

本质上，葡萄牙人的大航海就是人类的重大断层/非连续性之一。今天人们面临许多的处境，包括最近的新冠肺炎疫情，亦是断层/非连续性。在这样的场景中，人们必须具备一种不断探索、试验、求真的精神和实践手段才能理解到问题的本质，从而达到他们想达到的目标。

简单来说，当年葡萄牙人面对的抉择就是在可能的新机会与他们当时手上能掌握的能力之间做出比较判断。他们从欧洲西岸一隅要到达遥远的印度是一重要的跳跃。成功的话，便可将他们能认知的边界延伸和扩张。不成功的话，可能他们就会"跌死"。

"边界 = 机会 vs 能力"就是企业领导者在快速变化、模棱两可的状态下要做的重要战略决定的指导框架，亦是这本书里，我们提出的"战略第三条路"的主要原则。它的核心理念是边界是可移动、可扩张、停留不动或收缩的，而移动的方式是可规划的。

企业战略和管理是一门社会科学，就像对其他科学类别的研究一样，必须把它作为一种学问来对待，不可东拉西扯。企业战略理论发展经历了一段历史长河，奔腾不断。从静态到动态，从定位论到适时调整和平衡，从多元化到聚焦到战略第三条路，从机会驱动到能力驱动再到"边界 = 机会 vs 能力"，从自我能力出发到生态系统等。战略的发展是有迹可循的。因为经营环境在不断改变，环境／格局主宰着战略的思维，而战略思维又培养了组织形态的构想。

吊诡的是，当人类以为挑战是来自外界的非连续性的环境因素时，一部分具有慧根的人们却发现原来问题和答案不是存在于外界，而是存在于"心中"。人究竟是谁？我们为什么存在？我们的存在意义是什么？人生的真正答案是什么？人们逐渐发现答案其实在自己的心里，而发掘正确的答案需要通过长时间、有序的修炼。

企业组织是人组成的，所以它亦具备了人所有的特征，但因是众数，所以更为复杂。但人可以通过修炼来发现自己，企业组织亦可通过修炼来发现自己。在这本书里，我们提出了"组织的意识"的概念，说明就像人有意识一样，组织亦有意识。在不确定的环境里，探索、冒险、学习和求真需要企业组织恒常地保持着清晰的意识，不让负面的潜意识有机会在组织中成长起来，形成负能量。

我们在研究这些问题时最大的收获就是发现当年葡萄牙人千辛万苦要到的终点是（当时的）"彼岸"印度。今天我们说人对自己的了解、组织群体对组织群体的了解与古印度（和古波斯）的先哲数千年前提到对于人生真理的探索和修炼，其实在本质上是一致的。而世间许多重要的理念，无论是源自东方或西方，在本质上其实是一致的。只不过看不清楚的人往往将它不合理地分割。无论是当年的欧洲大陆西海岸边陲抑或是亚洲这边的次大陆或神州大地，当我们经历多了、学习多了和反复反省之后，蓦然回首，突然发现原点其实就在眼前。

除了黄昱之外，我亦要感谢我的高风咨询团队在写这本书时的鼎力协助，包括梁文淼、段超瑞、胡瑞淇、林君倩、陆宇俊、毛丽丹、汤畅、王裕婷、张倩。我亦要向北京汇智博达图书音像有限公司的同人们表示诚挚的感谢，他们的支持对这本书能完成起了关键作用。

谢祖墀

2020 年 3 月 31 日

序二 回归本质

《竞争新边界》不是一本普通意义上的管理学书籍。它讨论的是在一个大时代背景下商业的意义和企业乃至个体的选择。

这本书最初的想法源于我跟谢博士的一次交流。那是几年前一个秋天的下午，我们刚刚和一家中国超大型金融集团的首席创新官进行了愉快的交流。下楼以后，我们在他们写字楼的咖啡厅坐着闲聊。可能还沉浸在刚才讨论的思绪之中，我提到这些年来市场上充斥着混乱和相互矛盾的观点和理论，这加深了企业对技术、对创新和对未来方向的困惑。我打算写一本书，总结和梳理我对创新和成长的观察和体会。谢博士说这么巧，正好我也想写一本书，把战略第三条路理论系统地阐述一下。不如我们一起合作来写吧。我们一拍即合。

我们希望写一本与众不同的管理学书籍。在现代商业社会的发展中，每一个时代都产生过反映其当时社会背景和商业伦理的管理学理念。这些思想的迭代推进了人们对商业规律的认识。而要提出这样的思想，则需要突破边界、打破成见，回归事物的本质。这正是我们要做的。

比如，我们在书中特别关注时代的背景和随之而来的断层／非连续性。这是一切讨论的基础，也是本书的一个特点。本书的写作过程则充分见证了这一点。从2017年到2020年，世界发生了巨大的变化。一方面，新的技术和新商业模式带来了兴奋和骚动，人工智能、无人驾驶、新零售、社交电商、产业互联网、5G，这些新想法和新承诺让人们跃跃欲试，生怕错过这一班车。另一方面，上一轮技术和模式创新进入成熟期，却意外地让人们看到其光鲜背后的另一面。共享经济似乎成了资本游戏，电商巨头陷入垄断争议，而社交媒体则成为假消息和极端思想的温床。在更大的范围里，人们开始重新审视这个世界将向何处去。我们这一代人习以为常的全球化，一种以资本自由流动为驱动力的全球网络，是否还有能力回应它所带来的挑战。在这样的历史关头，我们来到了2020年。一种人类从未见过的致命传染病，新冠肺炎突然爆发。它不但威胁着人类的生命，也让紧密联系的世界经济陷入停顿。

每当人们说这是百年不遇的巨大挑战时，我都会想起2008年。在金融危机发生的那一段时间，人们也把它看作是史无前例的转折点。甚至有媒体称这是美国大萧条之后最大的危机。我还会想起

2001 年，那时我在硅谷，看着互联网泡沫破灭，纳斯达克指数腰斩，人们觉得经济完了。就连久经沙场的思科总裁钱伯斯也称这场危机为人们"一生之中也不期待能见到的""百年一遇的洪水"。

对于亲历者来说，每一次危机都是史无前例的。但危机又是一面最好的镜子。它会印证我们之前的很多怀疑，也会提出新的问题让我们思考。它会提醒我们，任何企业和个人都不可能脱离社会而存在。

这也是本书的第二个特点，我们希望通过本书，重新思考商业的本质和意义。在过去 20 年的职业生涯中，无论是在高科技、管理咨询，还是文化创意，我都接触过大量不同行业、不同性质、不同规模，甚至不同理念的企业和企业家。这种丰富性构成了我们社会的平衡。而在过去的一段时间里，这种平衡被打破了。资本和技术的结合塑造了赢家通吃的游戏规则，而企业的价值则跟一些特定的指标、资本的估值，甚至媒体的曝光混淆在了一起。这些因素影响了企业对其自身的判断。

商业是社会资源的一种组织形式。不管何种形式，我们都是社会生态系统的一部分。我们无法脱离这个系统而存在。在这样一个历史节点，我们比以往更需要回答这些问题：企业究竟应该为谁创造价值？这些价值应该如何衡量？如何重新建立起一种新的生态平衡？

最后，这是一本关于选择的书。当 15、16 世纪的葡萄牙人，乘着克拉克帆船、带着火炮驶向大洋的时候，他们选择了技术进步，也选择了武力征服，他们选择了贸易，也选择了垄断。而当年被欺凌的印度人，在长期的殖民时代选择了忍耐，选择了非暴力不合作运动，也选择了用思辨和文化作为武器回击。

选择从来都不是一件容易的事情，但这正是企业家每天都必须面对的。回归本质，意味着用一种更纯粹的眼光来看待企业的价值观和其应有的责任。在某种程度上，这种企业哲学的思考在今天这个历史的十字路口变得更加重要。

我跟谢博士结缘于 2008 年。我记得和他的第一次通话，他说要寄给我一本他新写的书。几天后，我收到了《方向：中国企业应该学习什么》。而 12 年后，我很荣幸能跟谢博士一起撰写本书，在一个新的历史节点，分享我们对方向的进一步思考。

在本书的撰写当中，我得到了高风咨询整个团队，特别是梁文淼女士从始至终非常有力的支持。我也想感谢陈英麟先生和朱凌先生，他们为本书提供了非常宝贵的意见。另外，我也从跟李楠先生的交流中获得了很多启发。我还要特别感谢北京汇智博达图书音像有限公司的各位同人，他们在过去的 3 年中一直陪伴我们，给予了我们很大的帮助。

最后我想说，虽然我们面对的是不确定的未来，但这正是时代赋予我们的使命。大航海时代开启了，预祝大家冲浪快乐！

黄昱

2020 年 3 月 21 日

目 录

第 1 章

大航海时代的开启

▶

　　对于历史断层另一侧的人，比如 15 世纪的印度人来说，突如其来的葡萄牙人仿佛是外星人，他们在竞争的各方面都占据着压倒性的优势。而事实上，如果回溯历史，我们可以看到葡萄牙是怎样一步一步获得这种优势的。

　　在短短几十年中，他们一再升级能力去获取新的机会，其幅度之大，让人有一种跳跃的感觉。葡萄牙在不同阶段特定机会和能力的组合，成为这个国家演变的标志。

跨越历史的断层

　　1498 年 5 月 20 日，季风来临前的卡利卡特电闪雷鸣，下起了瓢泼大雨。骤雨间歇时，海岸边的人们惊讶地发现了几艘长相奇特的船只。通常来说，在雨季的开始，不会有贸易船造访这个印度港口，而且这次来的船跟以往在印度洋上航行的其他船只很不一样。

　　与此同时，在这支小小的葡萄牙舰队的旗舰"圣加百列"号上，总司令瓦斯科·达·伽马（Vasco da Gama）心潮澎湃，正在极目远眺。"他感谢上帝，是祂把他们安全送到渴望已久的目的地。"经过309 天的海上生活，航行了 1.2 万英里，穿越无数风暴和挑战，在付出了很多人和财产的损失之后，他们终于来到了传说中"黄金遍地，香料盈野"的印度。

这是历史在新旧之间的分水岭。欧洲人在这里跨越了一个重大的历史断层。在断层的一边，是漫长的中世纪，以农业为主的经济形态，以及封建领主之间对土地的争夺。在断层的另一边，是地理上的大发现，以贸易为主的经济形态，以及各国之间对海洋的争夺。

这个巨大断层的起因似乎完全出于偶然。一场突如其来的瘟疫——黑死病，在 14 世纪席卷了欧洲，带走了三分之一欧洲人的生命。人口的急剧下降，使得农业经济遭受毁灭性的打击，也改变了中世纪以来人们思想上的禁锢。随之兴起的文艺复兴运动，开始在各国社会中形成一种追求知识、积极探索的文化。由此引发的技术进步，又进一步使得探险成为可能，并最终使得贸易成为创造财富的重要手段。

在历史的大潮中，只有少数先行者能从断层中发现机会。而葡萄牙，就是这样的一个跨越者。为了这一天，葡萄牙用了三代人，准备了几十年。这是一个关于勇气、领导力和幸运的故事。他们设立了远大的目标，而他们每一次的跳跃都让自己离目标更近了一步。

葡萄牙是欧洲小国，地处边陲、贫穷羸弱，长期被排除在欧洲事务之外，而且还被旁边的卡斯蒂利亚（后来的西班牙）牢牢遏制。因此，葡萄牙人很早就意识到，延续传统农业经济模式，向欧洲内陆发展是没有出路的。1415 年，在有历史意义的休达之战后，葡萄牙打通了去往非洲的道路。在这个过程中，参与战斗的亨利王子（Prince Henry the Navigator）通过与战俘和商人的交流，萌生了开辟海路，去探寻非洲南部矿藏的想法。

亨利王子是葡萄牙走向大海的第一人，他也被后世称为"航海家亨利"。**在他的领导下，葡萄牙完成了大航海最重要的准备工作。**那个时候的欧洲，航海最需要的天文学和数学极度落后，甚至还不如古罗马时期。为了培养这些能力，他成立了航海学校，设立了观象台，邀请了各国的天文学家、数学家、地学家研究气象、信风、海流，并绘制了最新的地图。

同时，他对造船也特别关注。在他的努力下，葡萄牙人发明了卡拉维尔帆船。这种三桅帆船是对行驶在地中海的欧洲传统帆桨船和行驶在红海的阿拉伯三角帆船的改进。卡拉维尔帆船也挂三角帆，但其船体小，驾驶灵活，适合抢风行驶。而且因为它吃水浅，特别适合在暗礁密布的非洲海岸线上航行。这种船成了探险家们的最爱。

在亨利王子 1460 年去世前，葡萄牙已经发现了马德拉群岛、加纳利群岛以及亚速尔群岛。他们还沿着非洲西岸南下，到达了大陆中西部的几内亚。通过掠夺内陆的黄金、象牙和黑奴，葡萄牙不仅获得了丰厚的回报，还积累了丰富的航海经验，实现了第一次跳跃。

1481 年，"完美君主"若昂二世（John II）登基。**在他的蓝图中，绕过非洲，向东寻找遍地黄金和香料的印度成为帝国新的战略目标。**在缺乏足够信息的情况下，他不得不在热那亚航海家克里斯托弗·哥伦布（Christopher Columbus）那异想天开的西行路线和本国航海家的非洲－印度路线之间做出选择。他派出了迪奥戈·康（葡萄牙语：Diogo Cão）在非洲海岸航行了 4000 英里，到达了纳米比亚，已经非常接近非洲的最南端。然而，受海流影响，船队似乎总是绕不过非洲。

1487 年，若昂二世派出了巴尔托洛梅乌·迪亚士（Bartolomeu Dias）和一支小船队：两艘卡拉维尔帆船和一艘横帆补给船。迪亚士的船队在到达非洲南端的时候，做出了一个不可思议的举动。也许是有意增加航线的变化，也许是水手们的直觉，也许是运气，抑或是冥冥中命运的安排，总之，他们没有执意向东，而是远离海岸，向西航行。

这是一个巨大的冒险。他们行驶了 13 天，航程接近 1000 英里，直接从南纬 29 度开到了南纬 38 度。在茫茫大海中，在接近绝望的关头，他们遇到了期待已久的大西洋洋流。向东的风将他们带过非洲大陆的最南端，绕过了好望角。**在通往印度的道路上，他们完成了关键的一步。**

1495 年，"幸运的国王"曼努埃尔一世（Emmanuel I）即位。**这位君王的登基意味着葡萄牙的探险行动上了一个新的台阶。**现在，通往印度的道路已经展示在他眼前，他坚信自己被上帝选中，要成就传播基督教的伟大事业。葡萄牙虽然是小国，但正如《圣经》中所说："那在后的将要在前，在前的将要在后了。"

1497 年 7 月 8 日，曼努埃尔一世派出了达·伽马和他的船队，去东方寻找基督教同盟和财富（见图 1）。这是一次生死未卜的远行，最终能够达到什么结果也不得而知。那时，葡萄牙人不仅不知道目的地卡利卡特是不是基督教城市，甚至都不知道印度教的存在。

▲图1：达·伽马的舰队启航

　　当然，他们做了最充足的准备。小小的舰队配备了两艘先进的克拉克帆船、一艘卡拉维尔帆船和一艘补给船。船上配备有 20 门火炮，带有当时最先进的航海仪器和地图。同时，达·伽马也带去了国王给卡利卡特那想象中基督教国王的信件和礼物。

　　这是欧洲跟印度的第一次正面接触。

旧世界与新秩序

　　准确地说，葡萄牙人并没有"发现"印度。他们只是闯入了一个他们不了解的世界。

　　这是一个历经数千年形成的贸易体系。英国历史学家罗杰·克劳利（Roger Crowley）在《征服者：葡萄牙帝国的崛起》（*Conquerors: How Portugal Forged the First Global Empire*）一书中这样描述它："印度洋一直是世界贸易的十字路口，将货物运过遥远的距离，从广州到开罗，从缅甸到巴格达，其借助了一个由诸多贸易体系、航海风格、文化类型与宗教信仰，以及一系列中心交织而成的复杂网络。这些中心包括：马来半岛上的马六甲，它比威尼斯更大，是来自中国与更遥远的香料群岛的商品的集散地；印度西海岸的卡利卡特，它是胡椒市场；霍尔木兹，它是通往波斯湾与巴格达的门户；亚丁，它是红海的出入口和通往开罗的路径，也是伊斯兰世界的神经中枢……印度洋输送着来自非洲的黄金、黑奴和红树枝干，阿拉伯半岛的熏香和海枣，欧洲的金银，波斯的骏马，埃及的鸦片，中国的瓷器，锡兰的战象，孟加拉的大米，苏门答腊岛的硫黄，摩鹿加群岛的肉豆蔻，德干高原的钻石，以及古吉拉特的棉布。"

这个体系的一个副产品，是威尼斯共和国的兴盛和地中海贸易的繁荣。在14和15世纪，威尼斯人跟开罗的马穆鲁克王朝做生意，把来自印度洋贸易体系的胡椒、肉桂、丁香、蔗糖、宝石和丝织品转卖到欧洲其他国家，从中赚取高额的利润。威尼斯也成为欧洲贸易规则的制定者。

这个贸易体系是众多文明长期合作的产物。当地信奉印度教的居民与信奉伊斯兰教的阿拉伯商人学会了和平相处。城邦通过征收贸易税获得巨大的利润，而商人们则依赖城邦提供的保护以及各种服务和便利。城邦之间也有竞争甚至战争，但没有人试图控制这一片海洋。每一个人都理解：这是公海，上面航行的是带来贸易的船，这对所有人都有好处。100多年前，明朝强大的郑和舰队曾经来过这里，但也没有改变这个体系。

葡萄牙人的到来则彻底打破了这种平衡。

从一开始，葡萄牙人就是以征服者的姿态出现的，就像他们在非洲所做的那样。这种态度有宗教的原因，曼努埃尔一世决心将阿拉伯商人从印度洋贸易区赶走，从而削弱马穆鲁克王朝的实力，以使葡萄牙和教皇赢得"圣战"。另一个原因则是物质上的。新的贸易格局将使得葡萄牙独享来自东方的财富。

他们用血与剑证明了这一点。

达·伽马的第一次远行就获得了巨大的回报。虽然旅途艰险，出发时的 4 艘船，只有 2 艘开回了里斯本，三分之二的船员遇难，包括达·伽马的哥哥保罗。但这一次探险的经济回报是投资的 60 倍，他带回的香料和宝石让里斯本的人们疯狂。

在这之后，国王派出了一支又一支更大的舰队，用炮火征服了一个又一个城邦。卡利卡特只是其中一个，其余还有基尔瓦、蒙巴萨、第乌、果阿、马六甲、霍尔木兹。不听话的城邦会遭到灭顶之灾，他们在达布尔针对平民的大屠杀在历史上也被永远记录下来。

对于阿拉伯商人，葡萄牙人更是毫不留情。达·伽马为后人诟病的一点就是他丧心病狂的残忍。他曾经在海上劫持了一艘从红海归来的阿拉伯商船"米里号"，在对方无条件投降并献出所有物品之后，他仍然把船上 240 个男人和妇女、儿童一起烧死。

从那时候起，在印度洋上航行的船只就必须接受葡萄牙的管辖并交纳税金。沿海的城邦也受葡萄牙的控制，不服管教的则受到惩罚。葡萄牙人成为大海的主人。

曼努埃尔一世的野心不止于此。他的目标中还包括锡兰、中国以及其他新"发现"的地区。事实上，后来葡萄牙人的确来到了缅甸、泰国、苏门答腊、日本以及中国广东。

在长达一个多世纪的时间里，他们几乎实现了自己的目标。葡萄牙从一个欧洲贫弱小国，一跃成为横跨欧美亚非的全球性大帝国。从里斯本到巴西、好望角到霍尔木兹、果阿到马六甲，葡萄牙建立起来的贸易站和要塞支撑起了这个以大西洋沿岸和印度洋为核心的全球贸易体系。这个新的秩序让马穆鲁克王朝耗尽了最后的能量，最终被更强悍的奥斯曼帝国代替。威尼斯共和国则从此一蹶不振。

相反，葡萄牙首都里斯本成为欧洲大都市。来自东方的财富涌入这个城市，伴随着各国的珍奇和大量的人口。文化、戏剧与表演成为这个城市的特点。人们也可以看到各种各样的新建筑，比如国王为了彰显实力而修建的贝伦塔与宏伟的热罗尼莫斯修道院，达·伽马就长眠于此修道院。

今天，如果你去访问，可以看到离贝伦塔不远处，有一座船型的航海纪念碑。这是为了纪念亨利王子逝世500周年而建的(见图 2)。

▲图 2：里斯本海边的航海纪念碑

它提醒着人们葡萄牙过去的荣耀，也提出了一个问题：为什么是葡萄牙这个欧洲边陲小国，掀起了大航海时代的巨浪？

为什么是葡萄牙人

时间再回到 1498 年 5 月 20 日，当达·伽马的船队看到卡利卡特的海岸线时，好奇的当地人开着几艘小船去看个究竟。达·伽马派出了一个叫努涅斯（Nunez）的奴隶，做他的使者。努涅斯上了岸，告诉接待他的人他们是来找基督徒和香料的。对方惊讶地问："卡斯蒂利亚国王、法兰西国王，或者威尼斯共和国政府为什么不派人来？"

的确，在常人眼里，小国葡萄牙是比不过那些大国的。可为什么创造历史的，就偏偏不是那些大国，反而是他们看不上的葡萄牙呢？

跨越历史的断层，葡萄牙究竟凭的是什么？

是从亨利王子开始的海洋立国方针。 在其他国家还在争夺传统陆地资源的时候，他们就已经把目光投向未知的大海，并很早就确立了打通印度航线的国策。

是从非洲海岸线到美洲和亚洲，对未知航线的无休止探索。 这些航线之前无人问津，一部分是因为凶险，无数航海家曾经有去无回，而另一部分则是因为对未知的恐惧。曾经人们一度认为非洲南部的海域不可逾越，因为有海怪和深渊；他们又认为非洲会向南无限延伸，没有可能绕过去。只有极少数人有勇气拥抱未知，而葡萄牙人正是这种人。

是那个时代最新的航海和海战技术。 葡萄牙人发明了卡拉维尔帆船，其灵活性得到探险家们的一致认可，迪亚士也正是依靠它绕过了好望角。只是它船舱的空间太小，装不了多少东西，不能满足跨洋长距离航行的需要。随后，葡萄牙人又开始打造克拉克帆船。船型高大，吨位从 200 到 1000 不等，方形和三角帆的混合带来更强的动力。同时，宽大的船舱可以容纳更多的人员、食物、货物和武器。在 15、16 世纪，这是远洋航行的首选。达·伽马的"圣加百列号"（见图 3）、哥伦布的"圣玛利亚号"、费迪南德·麦哲伦（Ferdinand Magellan）的"维多利亚号"，以及阿方索·阿尔布开克（Afonso de Albuquerque）的"海洋之花号"，这些著名航海家和名将的旗舰都是克拉克帆船。

▲ 图 3：达·伽马的旗舰"圣加百列号"，就是克拉克帆船

　　尤为重要的是，克拉克帆船的高大船舷不但使得传统跳帮白刃战的海战模式失去了威力，而且它的多层甲板可以安放重型火炮，从而造成更大的伤害。在火炮方面，葡萄牙占据了巨大的优势。若昂二世就热衷于优质铜炮的研究。葡萄牙不仅拥有当时威力最大的射石炮，还研发了轻巧的后装回旋炮，后者以发射的高速率著称。同时，葡萄牙舰队也拥有当时最好的德意志和佛勒芒工匠和炮手。

　　这种优势在第乌海战中得到了充分的体现。葡萄牙主帅堂·阿尔梅达（Don Francesco de Almeida）率领 18 只船、1800 名葡萄牙士兵，以及 400 名科钦水手组成的舰队，在第乌与由阿拉伯和印度100 多只船组成的联合舰队决战。

　　联合舰队虽然人多，但主要是弓箭手，采取的是传统跳舷战法。

不幸的是，葡萄牙的巨炮在敌人没到的时候就把他们击沉了，而那些得以接近的也因为船舷太高而无从发力。在第乌海战中葡萄牙大获全胜，从此在印度洋无人可以匹敌。以火炮为主的海战从此成为主流战法。

除了战舰和火炮外，葡萄牙的另一项技术优势是其航海知识，特别是地图绘制。从若昂二世的父亲阿方索五世（Alfonso V）开始，绘制世界地图就是一项国家工程。他专门请了来自威尼斯的毛罗修士（Fra Mauro）绘制了一张地图，其中非洲第一次以独立的大陆出现。在这之后，每一次探险都会丰富这张地图。据哥伦布记载，当迪亚士从好望角回来时，他在海图上做了精确到里格（长度名称，陆地及海洋的古老测量单位）的标记，以便让国王审阅。在竞争最激烈的时候，曼努埃尔一世曾经下令，严禁制作地球仪和复制地图，因为这是国家秘密。

1512 年，当葡萄牙统帅阿尔布开克的旗舰"海洋之花"满载着从马六甲掠夺来的传世珍宝沉没时，让这位被称为"海上恺撒"的名将哀叹的是随之消失的一张世界地图。他在给国王的信中沉痛地回忆："一名爪哇领航员绘制的伟大地图，记录了好望角、葡萄牙和巴西的土地、红海和波斯湾、香料群岛、中国人的航行路线，附有罗盘方位线和他们的船只走过的航线，以及这些相互接壤的王国的内部的情况。"

葡萄牙人深深地理解地图对他们的重要性，因为这是他们打开世界的窗口，也是他们扼制对手有力的武器。

最后，是葡萄牙人在精神上和文化上的强大力量。在长达一个多世纪里，受狂热的宗教和物质追求的驱使，他们总是处在一种破坏者和重建者的兴奋状态里。然而，真正在内心激荡的，是他们作为欧洲王室的远亲旁支，在长期不受重视的环境下，奋发图强，努力证明自己伟大的雄心壮志。

他们在异常艰苦的海上探险中展示了这一点：他们忍受长时间的航行，生死未卜，前途不明；他们在甲板上辛勤劳作，修理随时可能出问题的船只；他们缺乏淡水、患着坏血病、经过极寒和酷热、在恶劣的条件下工作。几乎每次，他们都会碰上海上风暴，大到可以轻易地把600吨的大船掀翻撕碎。有时候一支舰队会因此损失一半的船只。

未知的恐惧和身体的极限，都可以让任何一个人崩溃。但葡萄牙人不会。他们的坚韧不拔，让他们穿越半个地球仍然斗志昂扬。

作为征服者，葡萄牙人是残忍的，但他们也表现出了惊人的勇气。在战斗中，他们常常处于人数上的绝对劣势。虽然他们有非对称的武器优势，但在近身格斗中他们也毫不逊色。从中世纪流传下来的骑士精神让他们视死如归。因此，他们可以在科钦靠150人抵挡并击溃卡利卡特5万大军的进攻，用1600人征服战略要地果阿，用700人征服有12万人口的马六甲。

在更高的层面上，是葡萄牙人对自身文化的认同。这种文化是荣耀、财富和科学理性的综合体。葡萄牙人和旧时代人的不同之处在于，他们拥有坚定的信心。这是一种为上帝效劳的崇高感，更是一种具有专业能力的自豪感。葡萄牙，而不是西欧的其他国家，承担起了"圣战"的使命。

曼努埃尔一世认为葡萄牙乃是天命所归。"上帝的旨意和意愿是让葡萄牙成为一个大国。因为葡萄牙发现了一大奥秘，为上帝做出了贡献，并提升了神圣的信仰。"他甚至秘密向英格兰、法兰西、西班牙的国王们、神圣罗马帝国皇帝以及教皇发出邀请，建议发动海上十字军东征。可以想象，他的建议没有得到回应。

机会和能力的组合

对于历史断层另一侧的人，比如 15 世纪的印度人来说，突如其来的葡萄牙人仿佛是外星人，他们在竞争的各方面都占据着压倒性的优势。而事实上，如果我们回溯历史，可以看到葡萄牙是怎样一步一步获得这种优势的。在短短几十年中，他们一再升级能力，去获取新的机会，其幅度之大，让人有一种跳跃的感觉（见图 4）。**葡萄牙在不同阶段特定机会和能力的组合，成为这个国家演变的标志。**

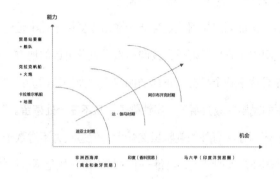

▲ 图 4：葡萄牙帝国跳跃示意图

在葡萄牙刚刚打开非洲大门的时候，它是欧洲边缘小国。当它把目光投向非洲中南部时，亨利王子开始打造天文、航海、地图和造船能力，卡拉维尔帆船加地图把它带到几内亚、纳米比亚、好望角；当若昂二世把目标锁定在印度的时候，它把能力升级为克拉克帆船，并造出了当时最先进的火炮；当曼努埃尔一世的野心超越印度，走向更远的东方时，葡萄牙人又一次升级了他们的能力。这是一种什么能力呢？

我们知道葡萄牙人对新机会的追求是贪得无厌的。在达·伽马之后，葡萄牙舰队分别由两位杰出的战略家指挥：一位是被称为"副王"的阿尔梅达，另一位是"海上恺撒"阿尔布开克。他们在印度洋沿岸留下了坚实的足迹，就像他们的前辈在非洲西海岸做的那样。阿尔梅达在科钦建立了第一个要塞，从而保证葡萄牙在印度洋有一个稳固的据点。阿尔布开克看到了果阿。这里是伊斯兰教势力和印度教势力的交界处，以重要的战略物资马匹的贸易著称。阿尔布开克把这里变成葡萄牙的又一个稳固的据点。

后来的历史证明，果阿让葡萄牙人在印度多待了几个世纪。在果阿之后，阿尔布开克又把目光投向马六甲以及更远的地方。葡萄牙人一直在寻找下一个机会，正如僧伽罗人对他们的评价："非常白皙和美丽的民族，戴铁帽子，穿铁靴子，**从不在一处停留。**"

然而，葡萄牙在海外的舰队虽然强大，但总兵力不过数千人。要想占领并固守广大的领土，与每一个区域大国开战是不可想象的。因此，葡萄牙人发展出了一种新的战略模式。这种模式以控制海洋为目的，通过在大国势力的边缘不断游走、在战略要地建立稳固基地、控制海上贸易中心、发展盟友并建立自己的生态体系，从而主导一个全球化的商业网络。

这个网络以一组核心能力来支持。这些能力包括：航海、火炮、地图、舰队机动性以及一系列沿海基地和要塞。**这种机会和能力的组合，构成了一个动态的战略，使得葡萄牙得以在一个多世纪里成为海洋之王，也为后来者如西班牙、荷兰和英国树立了标杆。**

本书的宗旨是探讨企业战略的新思维，并不是一本历史学的专著。然而，我们知道，历史会不断重复自己，只是每一次都会换一个打扮。当我们回望历史时，会觉得一切都似曾相识。当我们抬起头来向地平线望去时，会发现我们又来到了新旧断层的交界线上。前方巨大的不确定性造成游戏规则的改变与以往参照系的失效。我们需要一些新的维度来思考问题。

也许，我们可以从葡萄牙人那里学到一些东西，毕竟大航海时代很快就要到来。

第 2 章

新旧之间的断层

▶

我们的船队从里斯本的贝伦港出发，沿着非洲的西海岸行进着。我们觉得如果一直走下去，就会到达非洲最南端。我们也许可以绕过它，也许可以找到一路向西的洋流。然而，我们并不知道这还需要多久，我们甚至不知道这个洋流是否存在。我们进入了从未涉足的水域，但我们已经无法回头。

我们正站在历史的断层上。旧的格局还在延续，并且围绕着它的竞争愈加激烈；新的格局呼之欲出，但人们还没有看到它的到来。乍暖还寒时候，最难将息。我们该何去何从。

黑天鹅、非连续性和断层

2019 年末，一场名叫"新型冠状病毒肺炎"（COVID-19）的传染病袭击了武汉，并蔓延到中国的其他省份。和 2003 年的"非典"（SARS）相比，新型冠状病毒肺炎的传染性更强，对于有基础疾病和免疫力弱的病人，其毒性足以致命。

在国家采取了包括武汉封城、推迟开工等强力的隔离措施，以及派出多支医疗队奔赴湖北救援的情况下，全国（含港澳台）确诊的病例仍然超过了 8 万，其中有 4600 多死亡病例，这当中包括了奋战在一线的医务人员。在中国逐步控制住病情发展的时候，疫情仍然在全球肆虐。截止到 3 月 31 日，全世界有 200 多个国家和地区受到冲击，累计确诊病人超过 72 万，死亡人数超过 3 万 5 千人。

突如其来的疫情不仅考验着一个国家的动员和组织能力，也考验着无数企业。在很短的时间内，企业的经营环境完全变了。为了抵御疾病的传播，人们在家自我隔离，尽可能减少外出和聚会。由此带来的结果是曾经人口密集的场所，例如商场、餐馆、影院、景点，都无人光顾，相关行业损失惨重。由于担心交叉感染，上班开工的时间也被延迟，物流和制造业受到很大影响。而对实体经济的担忧，又影响广告主投放广告的信心，从而对主要以广告为盈利手段的线上平台造成损失。

人们说，这就是黑天鹅。没错，自从纳西姆·尼古拉斯·塔勒布（Nassim Nicholas Taleb）在 2011 年出版那本著名的《黑天鹅：如何应对不可预知的未来》（*The Black Swan: The Impact of the Highly Improbable*）之后，**人们就把那些不可预测的重大稀有事件称作黑天鹅。**

"黑天鹅"这个名字源于一个故事：早期欧洲人只见过白色羽毛的天鹅，因此黑天鹅在他们的思维中指的是不可能发生的事情。而当他们在澳大利亚第一次见到黑天鹅的时候，他们依靠经验建立的理念大厦崩溃了。塔勒布把次贷危机、东南亚海啸、9·11 恐怖袭击都叫作黑天鹅，因为人们根本想不到这些事情会发生，而一旦发生了，其带来的影响和损失就不可估量。塔勒布提醒人们关注**"随机事件"**，因为意料之外的事情才会真正影响你决策的结果。

非常精彩的理论。唯一的问题是，人们看到的黑天鹅越来越多，多到让你觉得，这些事件也许没有人们想象的那么随机。

比如，就在中国人民与疫情奋战的时候，2020 年 1 月 31 日，英国人民正式跟欧盟说拜拜。

这是一只在 2016 年飞出的黑天鹅，同年 6 月英国人在公投中决定脱离欧盟。一个非常微小的票数差距，52% 对 48%，就迫使英国离开了一个拥有 3 亿多消费者、18.8 万亿美元 GDP（国内生产总值）、占全世界 22% 经济体量的自由贸易区。尽管他们曾经共同生活了 47 年。

所有的研究都表明，在经济上，脱欧这件事对英国人是不合算的。英国政府的估算是脱欧会在未来 15 年内降低其 6.7% 的经济增长。另一项 2019 年的研究表明，不管以什么方式脱欧，英国的 GDP 都会下降 1.2% 到 4.5%。这个其实不难理解，脱欧改变了英国与欧盟的贸易关系，增加的关税必然会对原有的价值链产生冲击。考虑到英国对欧盟的出口占总出口的 46.9%，从欧盟的进口占总进口的 48.4%，而欧盟对英国的出口只占欧盟总出口的 6.3% 和总进口的 5.3%，毫无疑问英国是经济上损失更大的一方。

商业社会立刻做出了反应。截至 2019 年 4 月，银行业已经从英国抽离了约 1 万亿美元的资产，资产管理和保险公司则转移了 1300 多亿美元。一项调查显示，269 家金融机构把他们部分机构迁出英国，重新在都柏林、卢森堡、法兰克福、巴黎等地安家。

金融是实体经济的晴雨表，我们可以想象产业受到的影响会有多大。

英国脱欧可能令人惊诧和困惑。而且，因为脱欧和留欧票数过于接近，人们会觉得有很大的偶然性。可是，同样在 2016 年，美国大选再次上演了相似的一幕，同样非常接近的、让大多数人意外的选举结果，同样极其重大的后果，而且从某种意义上说，同样是对这一轮经济全球化的不信任投票。

自"二战"结束以来，经济和贸易的全球化就一直是人们的共识。在残酷的战争之后，人们思考世界秩序失控的原因，开始对经济资源重新组合。从1948年的关贸总协定、1951年的欧洲煤钢共同体，到1993年欧盟成立，1995年世界贸易组织成立，全球化以降低贸易壁垒为标志，实现了资本资源的自由流动和人力资源的部分自由流动。这种资源组合的合理性，直到10年前仍然是人们意识中毋庸置疑的。

然而，一觉醒来，人们发现一切都已经变了。

我们可以把传染病与英国脱欧、美国选举、全球化，以及反全球化看作是一类问题吗？不能，因为它们各自有独立的因果关系和系统逻辑。我们应该把它们看作是不可预测的随机事件，从而认定没有规律可循吗？恐怕也不对。某个具体的随机事件的确不可预测，但是当它开始冲击原有系统的时候，我们可以从系统的反应中看到一些趋势性的东西。

比如新冠肺炎，我们很难确切地预测病毒从哪里来，会传染给谁，以及疫情将持续多久。但是我们可以看到，当传染病冲击原有的医疗防护体系的时候，系统明显不堪负载。社会被迫采取一套非常不同的应对方法，包括隔离、口罩、增加病床、改变治疗方案等。我们可以想象疫情结束之后，全社会对传染病的预警和防护会采用与之前完全不同的方法。

事实上，如果我们还记得比尔·盖茨（Bill Gates）6年前针对病毒威胁的 TED 演讲，我们会知道全世界必须立刻做出改变，否则大规模传染病的突然袭击会造成不可挽回的损失。我们可以想象，这次疫情对商业社会的组织方式和资源配置也会发生重大影响。人们的消费观念可能会发生变化，远程协作可能会更加流行，对于健康和医疗会有更大的投入，从而促使这方面的投资和创新更加活跃。

同样的道理，我们很难确切地预测英国或者美国的哪一家工厂会倒闭，从而导致哪些人失业，以及他们失业对选举结果产生的影响。但是我们可以看到，当工厂倒闭的时候，目前经济全球化所依靠的一套政治经济机制和财务安排，不但没有能力解决这些问题，反而加大了它出现的概率。那么，不难想象目前这套制度安排一定会在将来被取代。

正如塔勒布指出的那样，人类社会充满了黑天鹅改变历史的故事。我们无法预测哪一只黑天鹅会在什么时候飞出来，但是当我们看到天空中飞满了黑天鹅的时候，我们就知道重大的改变将要发生了。这种改变将会带来巨大的非连续性，我们把这叫**断层**（Discontinuity）。

商业是社会资源的一种组织方式。这些资源包括资本、人力、土地，也包括技术、观念、制度。当社会经济的发展到达一定程度，其内在的矛盾已经无法解决的时候，系统就会重新配置资源，从而改变发展模式。当社会资源发生重大变化时，商业自然也要发生重大变化。这些社会资源的变化可以是市场驱动的，比如下沉市场的崛起；可以是技术驱动的，比如互联网的勃兴；可以是理念和文化驱动的，比如节能环保；也可以是地缘政治或政策驱动的，比如加入世界贸易组织。

然而，更多时候，是这些驱动因素在共同起作用。当这些资源重新组合的时候，企业原有的商业模式就无法持续。因此，在这个过程中，**企业必然会经历非连续性**。外部世界如此，企业必须适应。

断层代表了企业发展的外部语境（Context）。它有点像金融领域里常说的系统性风险，而企业对它的敏感度用贝塔因子体现。如果不了解断层的重大意义，不如回想一下互联网的产生前后，哪些伟大的企业因此诞生，哪些伟大的企业因此消亡。中国加入世界贸易组织是另一个这样的例子。

或者我们回到 6500 万年前的白垩纪，看看陨石来临前后的物种吧。曾经统治地球生态圈长达 1.6 亿年之久的恐龙灭绝了，很多更小的生物生存了下来，而人类最终脱颖而出。

下面这张埃隆·马斯克（Elon Musk）转发的图（见图 5），准确地体现了他对于断层的期待。在这里我们不知道特斯拉算不算陨石，但它肯定不是恐龙。

▲图 5：马斯克转发的推特，将特斯拉比作陨石

人们思考非连续性的话题已经有一段时间了。

早在 1986 年，麦肯锡（McKinsey）咨询公司的理查德·福斯特出版了《创新：进攻者的优势》（*Innovation：The Attacker's Advantage*）一书，当时已经成为管理界在研究和实践创新的经典。在福斯特的理论中，S 曲线是最常用的分析工具，来解释企业发展的非连续性现象。从某种意义上说，福斯特是这些理念和工具方面的鼻祖。

2006 年，谢祖墀与何德高将这个概念应用到中国市场的场景中，介绍了如何用它来解释中国市场上不同领域的产品和服务，如轿车、电信用品、财务按揭等，普遍会经历某些拐点，而在拐点之后井喷的现象。这篇叫《管理中国市场上的非连续性》的文章进而分析了非连续性出现的原因和它们对于事物（产品/服务/商业模式）所产生的影响，特别是在环境快速变化中的中国市场。

在此之后，非连续性也被许多其他学者关注。除了从企业发展角度看非连续性之外，也有人从技术角度抑或思维变化角度观察和描述非连续性。正如其他管理学的词汇一样，这个词也被不同的人使用，有时候会代表不同的含义。

今天，我们面临的挑战和变化与以往都不同，非连续性成为多种因素交织作用的产物。因此，在本书中，我们特别使用断层这个词，和非连续性交替使用，出于两个原因。

第一，**我们用断层来描述一种全社会的资源重组现象，而不是个别企业的选择。**这种重组会涉及各种资源，包括企业直接面对的资本、人力、技术、媒体，也包括地缘政治、国家政策、贸易组织、社会保障体系等企业之前看作是常态的因素。在此过程中，许多企业原有的很多资源，不管是需求端还是供应端，都可能不复存在，而新的资源也会相应产生。

第二，**我们用断层来描述一种前瞻性的观察方式。**我们之前谈到的，都是未来的一种预演。事实上，我们正在目睹一个断层的产生。

断层的一边：旧时代还没有远去

2020 年 2 月，奥斯卡把最佳纪录片奖颁给了《美国工厂》（见图 6）。

▲图 6：奈飞的纪录片《美国工厂》

福耀玻璃董事长曹德旺从 2015 年开始在美国的俄亥俄州代顿市投资建厂，他看中了当地独特的区位优势。这里离底特律近，是汽车产业的核心地带；劳动力也很丰富，当地的通用汽车工厂在 7 年前关闭的时候，留下了一大批渴望找到工作的熟练工人；这里还有一个热情的政府，给了他 1700 万美元的优惠，相当于白送了一个厂房。

制造业永远在寻找成本洼地。虽然听上去不可思议，但是曹德旺认为在美国建厂成本反而比中国低。他的计算表明，在美国可以节约 16% ～ 17% 的成本，从基础材料到天然气、电、石油，这还没算运输和物流。即使是人工成本，中美之间的差距也没有那么大。

然而，问题恰恰出在人工成本上。在短暂的蜜月期之后，劳资双方开始出现了冲突。资方希望尽快盈利，他们认为美国工厂的效率和产出远远比不上中国，在国内，工人不但技术熟练，而且 12 小时一班，全年几乎没有节假日，而美国工人坚持 8 小时工作制，还有完整的周末和节假日。资方认为美国工人有严重的工作态度问题。

而另一方面，美国工人也有很多不满，他们 13 美元 1 小时的工资，与之前在通用时的 29 美元 1 小时相差甚远。他们没有涨薪的激励，还老是被要求加班。更为严重的是由于劳动保护措施缺乏，导致工伤事故不断。工人对资方也有严重的信任危机。

最终，矛盾的焦点集中到了工会。越来越多的工人想用工会来保护自己，而曹德旺说，如果工会进来我就不玩了。这场斗争演变为一场关于是否允许建立工会的投票。

对于生活在互联网时代的我们来说，这个故事多少有点魔幻现实主义色彩。工会和 8 小时工作制是 19 世纪工人运动的口号，我们每年都要过的五一劳动节，正是为了纪念美国工人在 1886 年 5 月 1 日发动的芝加哥大罢工。而罢工的诉求，就是 8 小时工作制。这些都是以前电影里看到的情节，没想到居然离我们这么近。

那么，造成美国工厂这种局面的原因是什么呢？是因为文化差异吗？是因为中国工人比美国工人更愿意吃苦吗？

一部 2017 年佛山电视台出品的纪录片《中国工厂》揭示了故事的另一面。在第一段故事《再见，老板》中，一家服装企业本来计划招 700 人，来了 1048 人，却离职了 888 人。负责人力资源的潘总感叹说："以前都是工人找工厂，现在是工厂找工人。"工厂招不来人，也留不住人。心力交瘁的老潘最后也选择了辞职。

工人去哪儿了呢？早在 2016 年，曹德旺就批评房地产行业吸收了大量劳动力，对制造业造成了巨大的冲击。而现在的冲击者是外卖。曾经被称为"世界工厂"的东莞，2019 年市里 800 多家企业空缺岗位近 10 万个，而从 2013 年到 2018 年，东莞的外卖骑手增加了 31 倍。为什么呢？因为薪水，以及更自由的工作方式。作为制造业龙头的富士康月平均工资是 6000 元，而做外卖骑手很容易就挣到 8000 元。难怪美团外卖的骑手中，三分之一来自产业工人。

由此来看，在追求更好的生活方面，中国工人有着同样的渴望和行动。

其实，抛开现象看本质。《美国工厂》和《中国工厂》讲述的无关文化差异，而是制造业，乃至很多传统行业的深层次危机。在缺乏技术突破和差异化的大背景下，企业之间的竞争就成为单纯的成本竞争，而人作为生产要素则被推向了极致。

制造业只是一个例子。传统模式下的矛盾也不仅仅局限于第二产业。从金融行业到零售业，甚至科技产业，我们还是能看到很多工业时代的痕迹：庞大的机构、复杂的流程、供给侧导向的思维方式，以及"996"的极致工作模式。

我们生活在 21 世纪，但 19 世纪离我们并不远。

断层的另一边：新时代还没到来

《美国工厂》的结尾处，有一个很有意思的细节。当曹德旺视察工厂时，一位高管向他汇报，未来计划用机器人代替部分工人，因为"人太慢了"。

很多人把这看作是恐怖的未来，但其实这没什么可惊讶的。制造业从一开始就是新技术最热情的使用者，而机器人在生产线上早就不是什么新鲜事物。让人惊讶的倒是，为什么喊了这么多年的智能工厂，到现在还没有进入大规模普及阶段？

在地平线上若隐若现的未来，离我们还有多远？

让我们看看资本市场对于价值和未来的判断，这一点，全球市值的排名最说明问题。过去20年，这个排名是这样变化的（见图7）。

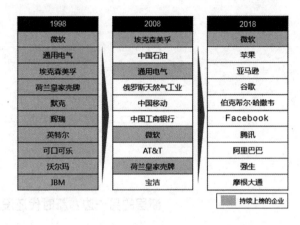

1998	2008	2018
微软	埃克森美孚	微软
通用电气	中国石油	苹果
埃克森美孚	通用电气	亚马逊
荷兰皇家壳牌	俄罗斯天然气工业	谷歌
默克	中国移动	伯克希尔·哈撒韦
辉瑞	中国工商银行	Facebook
英特尔	微软	腾讯
可口可乐	AT&T	阿里巴巴
沃尔玛	荷兰皇家壳牌	强生
IBM	宝洁	摩根大通

■ 持续上榜的企业

▲ 图 7：1998 ～ 2018 全球市值最高的十大上市企业。资料来自《财富》

1998 年的前 10 名是：微软（美）、通用电气（美）、埃克森美孚（美）、荷兰皇家壳牌（荷）、默克（德）、辉瑞（美）、英特尔（美）、可口可乐（美）、沃尔玛（美）、IBM（美）。这个名单上的企业大多是美国公司，涵盖了能源、医药、消费品、零售、高科技公司。

到了 2018 年，前 10 名变成：微软（美）、苹果（美）、亚马逊（美）、谷歌（美）、伯克希尔·哈撒韦（美）、Facebook（美）、腾讯（中）、阿里巴巴（中）、强生（美）、摩根大通（美）。

前 10 名全部来自中美两国，而且前 10 名中的 7 家都是高科技企业！更令人震惊的是，在 1998 年排名的时候，亚马逊、谷歌、腾讯才成立没多久，阿里巴巴 1 年后才成立，Facebook 更是 6 年后才成立！

好，我们知道高科技为未来勾勒出了许多新的场景，承诺了很多改变。那么，真的"未来已来"了吗？

我们换一个角度来看。

2008 年全美地区风险投资的总融资额为 295 亿美元，到了 2015年，这个数字变成了 783 亿美元，而 2018 年的总融资额是 1162 亿美元。历史上只有 2000 年的数据超出千亿美元，达到过 1198 亿，随后就爆发了互联网泡沫的破灭（见图 8）。

在今天，早期公司融资 1 亿美元已经屡见不鲜，而这曾经被叫作"超级融资"。从 2015 年以来，估值在 10 亿美元以上的所谓独角兽公司从 80 家增加到 258 家。

估值是最有趣的一个游戏。一个公司不需要经过市场来验证其价值，凭着创业团队讲故事的能力和几个投资人听懂故事并讲给别人听的能力，就可以获得巨大的财富。这个游戏的一个大玩家，孙正义的软银愿景基金，为行业提供了一个参考目标。2016 年，这个基金筹集了惊人的 1000 亿美元。2019 年，孙正义又计划融第二期基金，规模计划为 1080 亿美元。

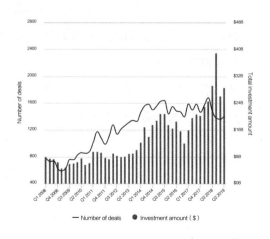

▲ 图 8：2008 ～ 2019 全美融资金额与融资事件数量。资料来自普华永道

是什么推动了高科技公司的高估值？货币宽松政策是原因之一。资本的全球化和逐利性，使得成本低廉的资金凶猛地冲进少数有想象空间的领域，所到之处片甲不留：我们熟悉的房地产是一个，而高科技（或者说高科技概念）则是另外一个。

当然，硅谷投资的成功率并不因为无上限的估值游戏而改变。九成的公司仍然熬不到IPO（指首次公开募股）的那一天。而上市的公司呢？

2019年，一系列独角兽上市都跌破了发行价，从Uber（优步）到Lyft（美国第二大打车应用，中文译作"来福车"），最新的例子是WeWork（创立于2010年，总部位于美国纽约的众创空间）。当孙正义的愿景投资它的时候，其估值是470亿美元，到了年尾，WeWork撤下了IPO，估值大幅下滑到80亿美元。

在Uber和WeWork上的亏损，让孙正义的愿景基金在2019年底交出了一份尴尬的成绩单。第四季度亏损的20亿美元，也让母公司软银集团的利润下降了99%。

Gartner曲线（技术成熟度曲线）告诉我们（见图9），通向未来的道路是曲折的。人们需要看到很多泡沫的破灭，才会知道哪些是真正的未来。

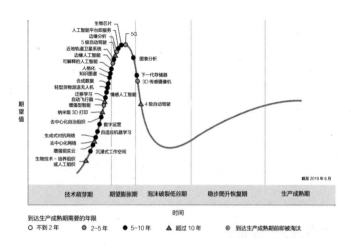

▲ 图9：科技创新的成熟曲线。资料来自 Gartner

从历史上看，泡沫是技术进入市场过程中的必经阶段，只有泡沫破灭后，新技术才会真正和社会经济结构结合，并创造出新格局。

未来还没来，我们还得再等等。

如何定义一家企业

在断层之上，什么是企业可以做的？用金融的术语说，我们知道了断层带来的系统性风险和贝塔因子，但真正区别每一家企业的是阿尔法因子，也就是企业独特的战略和行为。那么，企业会怎么做？

新旧动能转换之际，也是战略的思考失去参照系的时候。从某种意义上说，企业家进入了"无人区"，就像航行在非洲沿海的帆船，凭借勇气和信念寻找方向，但手里的地图已经不能指出应该遵循的航线。企业家必须边找路，边修改地图。

断层意味着资源的重组。而当资源被打乱时，企业必须重新去寻找新的资源，以及把这些资源串联起来的新方式。这样做的结果是：**很多企业已经很难用一个或几个行业来界定了。**这是一家什么公司？亚马逊是电商公司，还是云计算公司？腾讯是社交媒体公司，还是游戏公司？谷歌是搜索公司，还是内容平台，抑或是无人驾驶？这些问题的答案越来越不清晰了。

企业的这种模糊的边界状态让人困惑，也引发了许多讨论，一个最普遍的问题就是：企业的边界在哪里？我的企业应该更多元化还是应该更"聚焦"？

2017年，美团王兴和携程梁建章的争论成为当时商界关注的一个话题，这个争论是以往许多类似讨论的延续，也吸引了许多企业家、学者参与。

王兴的观点是，企业不应太多受限于边界，应借助多业务发展和整合来释放更多红利。梁建章的观点则是多元化不利于创新，中国企业更应考虑专业而非多元化发展。

王兴非常推崇一本名为《有限与无限的游戏》（*Finite and Infinite Games*）的书。有限的游戏以游戏的终结为目的，旨在以参与者的胜利终结一场比赛；而无限的游戏是有限游戏的延伸，没有终结，游戏本身就是对边界的不断探索。王兴认为商业也是一个无限游戏。他不期望一家独大，也不期望结束战争，他认为从长期看，所有人都要接受竞合这种新常态。

正因为这是一个无限游戏，王兴才对边界不设限。他说："万物其实是没有简单边界的，所以我不认为要给自己设限。只要核心是清晰的——我们到底服务什么人？给他们提供什么服务？我们就会不断尝试各种业务。"王兴认为随着单个业务红利的迅速递减，多业务公司会更有优势。

这番话的背景，是当时美团正从团购、外卖、电影票，进军酒店和旅游，正式向携程发起挑战。"酒旅业务，我们的间夜数已经超过携程，估计再用1～2年，我们会超过整个携程加艺龙再加去哪儿的间夜数。"

进入新领域并和不同的对手成为"同行"，在美团的历史上，这不是第一次，也不是最后一次。这家公司之后还会进入移动出行领域，和滴滴正面对抗；进入共享单车领域，收购摩拜单车；进入文娱、亲子、支付、云计算等领域。多元化成为美团的标签（见图10）。

▲ 图10：美团点评业务发展。图片来自美团点评公司公告，中信建投研究发展部

有趣的是，2010年，当《计算机世界》发表极具争议性的《"狗日"的腾讯》，指责腾讯不放过对任何一个领域的进入和模仿时，王兴曾气愤地说："有什么业务是腾讯不做的吗？"那个时候，美团是国内第一家团购网站，面对即将到来的"百团大战"（高峰时国内共有6246家团购网站），有阿里加持的美团是领跑者。腾讯的加入让王兴"如闻惊雷"，也"如坐针毡"。

后面的故事则颇有戏剧性。2014年腾讯入股美团最大的对手大众点评，2015年王兴弃阿里，与大众点评合并，进入腾讯阵营。2017年，美团点评的收入为339亿元，增长161.2%；年内总亏损190亿元，亏损净额28.5亿元。2018年，美团上市。在招股书上，王兴坦承："我们历史上产生了较大亏损，未来可能会继续产生较大亏损。"到了2019年9月，美团市值达到551亿美元，成为中国互联网市值／估值第五高的公司。同样在2019年，美团宣布第二季度首次盈利。也许，在腾讯身上，王兴看到了一种发展模式。面对茫茫大洋，王兴想尝试所有别人走过的航线，并根据航行的结果决定是否跟进。

然而，并不是所有企业家都认同这个模式。携程的创始人梁建章有不同的航行策略，在他看来，船队的能力决定了你可以航行多远。与其走别人的路，不如专心练内功，沿着自己开始的航线走下去。

在王兴发表观点后不久，携程就发表了一篇题为《梁建章：企业没创新才想多元化》。也许标题太过劲爆，携程创始人将其改为《梁建章：能否全球化是企业创新力的试金石》。文章一开头，梁建章就开宗明义地指出这是多元化和专业化的分歧："最近随着美团公司CEO王兴的采访，又掀起了公司多元化和专业化的话题的讨论。多元化和专业化当然没有绝对的对和错，历史上肯定有很成功的多元化和专业化公司。但我们还要看一下大的趋势，未来中国会有很多成功的多元化公司吗？什么样的市场环境和技术条件会培育更多多元化的公司或者专业化的公司呢？"

在梁建章看来，企业专业化是历史趋势，专业化也是创新的基础。"美团的点评业务是收购大众点评后获得的，美团的外卖业务就是模仿了'饿了么'公司。从社会效应来讲，多元化公司因为不是引领创新，所以对社会的贡献比专业公司要小。同样也因为不是自主创新，多元化公司的资本回报比较低。"

梁建章进而提出了他对许多中国企业，而不仅仅是互联网企业的看法。"很多美国公司当取得了本土市场的成功后，往往首先想到的是全球化，把自己的创新扩展到全球市场，而很多中国公司却首先考虑多元化，去投资或者进入新的业务。这可能和中国公司的全球化能力不强，或者公司本身的优势就不是来自创新有关。"

"王梁之辩"和他们之前许多中国企业家提出的问题的背后，反映了一个大家普遍的困惑：面对一个快速变化、模棱两可和不确定性高的经营环境，企业应该如何思考它的发展方法和路径。看到机会时，企业领导者很容易受到诱惑，很想去争取新的机会。但不少企业领导者也会害怕自己有没有足够的能力去争取这些新的机会。那么他们是不是应该"聚焦"，将精力放在自己知道怎么做的地方？

多元化，还是聚焦，这是一个问题。

是需要一个新的视角的时候了。

第 3 章

"战略第三条路"

▶

葡萄牙人面临的大航海时代是历史上的一个重要断层 / 非连续性的时代。本来连接亚洲和欧洲的陆上"丝绸之路"因为需要经过不少不同的政权,大大增加了它的成本、时间和可靠性。跨越欧亚两地的商人们在期望新的运输路径的出现。

同时,欧洲正从漫长的"黑暗时代"走出来。文艺复兴进行得如火如荼,但启蒙运动和第一次工业革命却还未发生。葡萄牙人面临着新的机会,但自有的能力却还不一定能够克服所有困难。他们面临的问题的本质就是他们所认知的边界、新的机会的出现和自我能力三者之间的不断编织。

在本章里,我们会介绍长时间困惑着不少中国企业家的"多元化 vs 聚焦"的问题,本质上其实就是边界、机会与能力三者之间的动态演绎。

企业战略从哪里来

"王梁之辩"的本质

20世纪90年代初期改革开放加速之后，中国企业家纷纷崛起。一个一直困惑着他们的问题是，他们的企业应该要多元化抑或要聚焦。20多年后的"王梁之辩"正是这个经典问题的最新版本。那么，这个问题的本质究竟是什么？

作为一个概念，企业战略并不古老，它的出现只有数十年时间。多年来绝大部分的MBA课程里，波特五力模型和波士顿矩阵等理论一直都被奉为管理界的主流。波特的理论的指导思想是：在固定的边界里，企业只要找到对自己最有利的竞争定位，它便能成功（见

图 11）。波士顿矩阵是一个业务组合战略分析框架，通过两个简单的维度——市场增长率和市场占有率，来分析和决定企业的最佳业务的组合（见图 12）。因为这些理论框架的基本假设是企业所在的环境并不一定需要或会改变，而企业要成功的话，只需要在此不一定变动的环境中，寻找一个优胜的定位就可以了。所以，在本质上，这些战略框架都属于定位论。

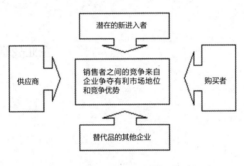

▲ 图 11：波特的五力模型

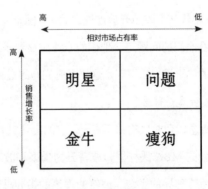

▲ 图 12：波士顿矩阵

到 2005 年，由欧洲工商管理学院的 W. 钱·金（W. Chan Kim）和勒妮·莫博涅（Renee Mauborgne）提出的"蓝海战略"（Blue Ocean Strategy）将经营环境简单分为两部分："红海"与"蓝海"。红海是指现有的竞争环境，一般指竞争激烈、难以胜出的局面。而蓝海则是指新的领域，竞争稀少，谁先进入蓝海便有更大的机会成功。简单而言，此理论指导企业领导者去选择新的、更易成功的定位。

本质上，上述的战略框架都是静态的。因为这些框架的基本假设都是一个相对稳定的竞争环境。就算是较后期的蓝海战略，它谈到的改变只是二元式的简单改变，在二元选择中寻找定位，而找到定位，那就是一劳永逸的成功定位。

"二战"之后，企业战略的发展先后沿着两种思路发酵。第一种是多元化，企业应尽可能地尝试不同的业务，做大做强。这种想法在两次世界大战之后一直主导着西方管理界和 CEO 们的思想，一直到 20 世纪七八十年代后期。

在多元化战略理论发展到荼蘼之际，思潮"回归聚焦"开始在 20 世纪 80 年代的西方管理界出现。

"多元化"：对机会的把握

1959 年，哈罗德·杰宁（Harold Geneen）（见图 13）被聘为 ITT（国际电话电报公司）的新总裁。他对董事会的承诺是："我将把 ITT 公司打造成世界上最大的联合企业。"他没有食言。18 年之后，ITT 从一家年营业额 7.6 亿美元、利润仅 0.3 亿美元的中型企业壮大为年营业额 280 亿美元、利润高达 5.6 亿美元的跨国集团。

杰宁的方法简单粗暴，就是收购，收购，再收购！从 1960 年到 1977 年，ITT 在全球 70 多个国家收购了 350 多家不同领域的公司，包括喜来登连锁酒店集团、Avis Rent-a-Car 连锁汽车租赁集团、Hartford 保险公司等。

▲ 图 13：《时代》杂志封面上的哈罗德·杰宁

1970 年，英国的汉森信托公司也发现了"多元化"的好处。他们从一家小型运输家族企业，通过大量的全球并购迅速发展成多元化工业集团，其业务范围横跨美国的化学工厂、英国的电力供应、澳大利亚的金矿等，一度成为英国第四大制造商。

1980 年，美国泰科电讯也开始了快速的收购步伐，仅用了几年时间就跻身美国 500 强企业之列，并成长为世界上规模最大的公司之一。1992 年至 2004 年，泰科电讯由总收入 31 亿美元增长到 400 亿美元。

20 世纪 60 年代到 80 年代，跨行业多元化是企业发展的主流。华尔街为并购提供了充足的弹药，也导演了很多精彩的攻防战役。如果想感受一下气氛，可以去看看电影《华尔街》和《门口的野蛮人》，体会一下那充满贪婪和激情的时代。

为什么"多元化"战略在那个时代大行其道？原因在于"二战"之后美国和全球经济的快速发展。跨过了"二战"这个历史断层，新一代企业的发展拥有了新的资源组合。资料显示，1930 年代美国工业生产率只增加约 20％，而 1950 ~ 1970 年间则增加了 94％。随着生产成本的降低，利润迅速增长。据统计，1972 年美国企业利润率是第二次世界大战前的 10 倍。换句话说，每个行业都有钱赚，这为企业的多元化发展提供了充裕的条件。

早在 1957 年，美国学者伊戈尔·安索夫（Igor Ansoff）就在《哈佛商业评论》（*Harvard Business Review*）上发表《多元化战略》（*Strategy for Diversification*）一文，认为多元化是"用新的产品去开发新的市场"。虽然用产品种类来衡量多元化并不准确，但他的观察是准确的。"多元化战略"已经成为企业在现有经营状态下，增加市场或行业差异性的产品或产业的一种经营战略和成长方式。

1959 年，英国经济学家安蒂思·潘罗斯（Edith Penrose）也观察到这种企业发展模式的潜力，并系统地提出了"多元化"战略的理论，并将其写进《企业成长理论》（*The Theory of the Growth of the Firm*）一书。1974 年，理查德·鲁梅尔特（Richard Rumelt）指出，"多元化"战略是通过结合有限的多元的实力、技能或目标，与原来活动相关联而表现出来的战略。多元化的实质是拓展进入新的领域，强调培养新的竞争优势和现有领域的壮大。

在充满机会的时代，"多元化"是企业快速发展的一种普遍方法，容易被企业 CEO 和资本接受。逐渐地，这一理论也进一步演化为一种思维，市场分析员认为市场的回报是可以预期的，因此企业可以经过理性判断，进入多个市场，并通过业务组合获得长期稳定的发展。

"不离本行"

1982 年，麦肯锡咨询公司的托马斯·彼得斯（Thomas J. Peters）与罗伯特·沃特曼（Robert H. Waterman）合著出版了《追求卓越：美国优秀企业的管理圣经》（*In Search of Excellence*）。他们发现了8 个共同的主题，他们认为这些主题对公司的成功有重要的意义。这 8 个主题在很长一段时间内被当作指引企业经理人的信条：(1) 崇尚行动；(2) 贴近顾客；(3) 自主创新；(4) 以人助产；(5) 价值驱动；(6) 不离本行；(7) 精兵简政；(8) 宽严并济。

在 8 个主题中的第 6 条，他们提到："不离本行"（Stick to the

knitting/stay close to the business you know）。"专注于自己的本业"以保持商业优势，避免在自己力所不能及的领域与其他企业竞争。也就是说要在该企业具有强势竞争力的方面大力发展，而不是所谓的"多元化"经营。

这是管理学界首次正式对"多元化"战略理论的反弹，也是"聚焦"的说法在管理学界首次被提出。到了20世纪80年代后期、90年代初期，美国经济发展速度放缓，加上石油危机和日本经济的崛起，美国经济开始面临一定的资源和机会的短缺，"回归专注"（Refocus）开始走入大家的视野。

1990年，美国密歇根大学商学院教授C.K. 普拉哈拉德（C.K. Prahalad）和伦敦商学院教授加里·哈默（Gary Hamel）在《哈佛商业评论》上刊登出一篇名为《企业核心竞争力》（*The Core Competence of the Corporation*）的文章，该文章一登出就引起企业界的轰动。文章里提出：一家企业如果要成功，它必须按照自己最强的优势来做，即所谓企业的核心竞争力。他们认为，企业的持续成功来自企业已经建立的内部独特能力，而战略的精髓则在于它能否透过企业的独特能力来确立并形成一种难以被效仿的差异化打法。按自己的优势和能力来做事逐渐成为企业界的常识，很快人们就将这理论简化为"企业需要聚焦，不应多元化"，这显然与之前的多元化战略框架形成了鲜明的对比。

他们观察了两家公司：美国的GTE（原通用电话与电子公司）和日本的NEC（日本电气公司）。1980年，GTE拥有电信业雄厚的实力，业务横跨电话、交换机、半导体等多个领域，销售额99.8

亿美元，而当时 NEC 的销售额仅为 38 亿美元，而且在电信业没有任何经验。但到了 1988 年，NEC 的销售额比 GTE 高出 54 亿美元。它不仅巩固了原有的计算机业务，还将触角伸到了手机、传真机、笔记本电脑，成为世界半导体领域的领导者。而 GTE 已经沦为一家以经营电话业务为主的公司，其显示器、半导体、交换机等业务被剥离关张。

为什么 GTE 和 NEC 之间会出现如此的反转？两位作者认为原因在于 NEC 能够从"核心竞争力"角度出发考虑企业问题。当 GTE 将自己看作是业务的组合时，NEC 将自己看作是能力的组合。长期来看，一家企业要获得竞争优势，就需要以更低成本和更快速度构建出核心竞争力。

他们认为，不同的企业具有不同的核心竞争力，核心竞争力可以是集体学习能力、技术能力，也可以是沟通能力等。他们还认为，几乎没有公司能够打造 5 种以上的世界一流的核心竞争力。由此，他们为核心竞争力定义了三个要素：一是能够为公司进入多个市场提供方便；二是应当对最终商品为客户带来的可感知价值有重大贡献；三是竞争对手难以模仿。

"核心竞争力"理论迅速受到当时企业界的认可和接受。从 20 世纪 90 年代直到今天的 30 年里，"核心竞争力"或"能力"理论几乎支配了整个企业界，尤其是欧美企业界。咨询公司也不断推出自己的版本，这些理论衍生出的一个重要推论是：企业应该聚焦，而不应做太多不相关的业务。

1992 年，BCG（波士顿咨询公司）的三位合伙人乔治·斯托克

（George Stalk）、菲利浦·埃文斯（Philip Evans）和劳伦斯·舒尔曼（Lawrence Shulman）提出，企业的持续成功来自企业已建立的内部能力，而战略的精华在于能否确立并形成一种他人难以效仿的组织能力。作者的概念与哈默和普拉哈拉德的"核心竞争力"类似，他们认为，商业环境变得更加动态，战略也必须变得动态。企业的持续成功来自企业已建立的内部能力，而战略的精华在于它能否以动应变，从而确立并形成一种他人难以效仿的组织能力。

此外，他们还提出了基于能力竞争的四项基本原则：一是企业战略的基本因素不是产品和市场而是业务流程，不仅仅包含"是什么"，也包括"怎么去做"；二是要竞争成功就须将公司的主要业务流程化为战略能力，能够不断为顾客提供超值服务，严格以客户为中心；三是公司获取这些能力要靠对其基础设施投资，以将传统的战略业务单位及其功能联系起来；四是由于这种能力是跨职能的，所以基于能力的战略需要得到 CEO 的全力支持。

1997 年，加州大学伯克利分校的教授大卫·蒂斯（David J. Teece）提出了动态能力（Dynamic capabilities）的概念。基本上，他只是将企业能力从原本普拉哈拉德和哈默的静态式定义（如品牌、渠道等）延伸到动态式定义（如速度、敏捷性等），这种简单的调整只是将原本的核心竞争力理论进行了微调，并没有将动态作为一种整体理念融入战略思想内。

2001 年，贝恩咨询公司（Bain & Company）的克里斯·祖克（Chris Zook）和詹姆斯·艾伦（James Allen）出版了《主营利润：动荡时代的企业成长战略》（*Profit from the Core: Growth Strategy in an Era* of Turbulence），书中提出了基于核心竞争力的增长战略。

2011 年，博斯咨询公司（Booz & Company）的保罗·莱因万德（Paul Leinwand）和塞萨雷·马伊纳尔迪（Cesare Mainardi）出版了《基础优势：以能力驱动战略制胜》（The Essential Advantage: How to Win with a Capabilities-Driven Strategy）一书。其核心思想是：企业必须依赖 3 至 6 个最强的能力和它们形成的能力体系来进行竞争。尽管经历了 20 多年的发展，从本质上，这些理论与原始的核心竞争力理论相比并没有很大的突破。

机会在减少，聚焦于企业能力最强的地方去竞争当然是应有的常识，然而，这一理论却很快成了一种"企业只能聚焦于某一领域内，而不应随便跨越"的思维。大部分人称之为"聚焦"思维，严格来说，它代表的（更准确地说）是"固定边界"的思维。这种理论在之后30 年一直支配着西方主流企业界和投资界的思想，直至今天。

"战略第三条路"

拥抱动态和不确定性

从 20 世纪末期开始，本书作者观察和分析了为数不少的中国企业的发展，其中包括不同行业的企业，特别是 1990 年代末期及 2000 年代初期出现的许多互联网企业，并通过与企业家们直接的对话，对企业的发展路径和模式做了大量的研究和思考。我们意识到随着社会格局，特别是科技方面的变迁，人们所熟知的简单二元参考体系——"多元化"和"聚焦"这两种选择，已经不能解释很多新的现象和满足许多企业家们的困惑。

在面对不确定性的时候，长期以来管理学家并没有什么良好的解决方案。他们只是会把不确定性的问题转化为确定性的问题来解决。在1990年代末期之前和之后，几乎所有的企业战略理论都是以静态为主的，即这些理论背后假设的大局并不改变或不大幅改变。它是"静态"的。1998年，斯坦福大学的凯瑟琳·艾森哈特（Kathleen M. Eisenhardt）和她的博士研究生肖纳·布朗（Shona L. Brown）合著的《边缘竞争》（*Competing on the Edge*）一书，揭示了一套崭新的战略思想方法。与以前和不少之后的理论不一样，艾森哈特和布朗开宗明义地提出所有企业所处的经营环境是变化多端、模棱两可、不能简单定义的动态格局。企业领导者必须要充分理解和考虑这个前提才能建立一种正确的战略思维。而在同一时间，从美国西海岸到中国的一些科技公司也正在采取与原来传统的"多元化"战略或"聚焦"战略不一样的打法，似乎在印证着艾森哈特和布朗的突破性的理念。

这本书的副标题是《有序中混沌的战略》（*Strategies in Structured Chaos*）。在书中她们提出了一个在当时来说全新的战略管理理论。"我们的竞争和经营环境是在有序（Structure）和混沌（Chaos）之间的徘徊，我们所处的环境没有任何时候是完全有序但也没有任何时候是完全混沌。战略最基本的真谛就是在有序和混沌之间不断的动态平衡。"

艾森哈特和布朗在书内提出了几个非常重要的观点。她们说未来企业经营环境的主要特征是高速变化和不可预测性，因此，战略管理最重要的是对变革进行管理，这主要表现在三个方面：一是对变革做出预测；二是对变革做出反应；三是领导变革，即走在变革的前面，甚至是改变或创造竞争的游戏规则。

同时，她们也提出了《边缘竞争》理论的 10 项原则：(1) 优势是短暂的；(2) 战略是多样化的、迭变的和复杂的；(3) 不断地自我发现是目标；(4) 组织简单化，作用极大化；(5) 从过往而来；(6) 向未来延伸；(7) 保持适当的节奏和步伐；(8) 将战略拓展出来；(9) 从业务层面启动战略；(10) 将业务与市场紧密挂钩和不断整合到企业整体。

从战略角度来说，我们认为最主要的原则是第 1 项、第 2 项、第 3 项和第 7 项。第 1 项："优势是短暂的"，说明企业的所有优势都是短暂的，没有什么是"持续"的。企业应该不断地发掘和发展新的优势来源，将改变视为机遇而不是威胁；第 2 项："战略是多样化的、迭变的和复杂的"，说明了战略不是死板和静态的，它必须是动态调整的；第 3 项："不断地自我发现是目标"，也是动态思想的核心，企业没有停下来的时间，必须不断发掘新的目标；第 7 项："保持适当的节奏和步伐"，不只速度重要，保持适当的节奏和步伐一样关键。

虽然《边缘竞争》是艾森哈特和布朗两位女士 20 多年前的著作，但我们可以看到她们当时划时代的观念，可以说她们看到了整个商业社会发展的趋势。这是非常难得的，特别是当时还是互联网商业应用的萌芽阶段，科技企业仍是以硬件为主。她们当时提出的这些主导思想，到了今天还未完全过时，仍然能作为现今企业发展或组织建造时考虑的重要思想依据。当然，今天的社会因为科技的高速发展，特别是移动互联网的出现，很多地方发生了根本性的重大变化，无论在战略方面还是在组织设计方面都需要很多新的调整，但我们已经隐约地看到"小微裂变"、"试错"、"迭代"、"MVP"

（Minimum Viable Product 的缩写，指最小可用产品）、"灰度"、"平台"、"生态系统"、"韧性组织"等今天好多人朗朗上口的管理术语的浮现。

在企业战略和组织发展理论的历史洪流中，能改变人们观念的殿堂级理论为数不多，大概是每10年或之上才会出现一次。在我们看来，《边缘竞争》是其中之一。发酵在人类进入一个新时代（互联网时代）拐点之前（不是之后），实为难得。布朗在斯坦福大学取得博士学位之后，到了麦肯锡工作，之后到了谷歌，协助谷歌制定战略、组织原则和执行，是谷歌成功的奠基者之一。而艾森哈特教授继续在硅谷做研究，并为众多诸如谷歌、雅虎、苹果等科技巨头企业出谋献策。我们仔细地看一下，不单是谷歌、亚马逊、阿里、腾讯、华为等今天我们视为极为成功的企业，甚至美团点评、字节跳动等新锐企业，也可以看到艾森哈特和布朗理论的痕迹。

这是一个领先于其时代的洞见。长久以来，大多数战略管理学家和咨询公司一直将研究范围限定在确定性的世界里，因为这样才可以用可量化的模型来模拟现实世界。在变化不大的市场里，这种方法和现实相去不远。然而，在一个变化越来越多且越来越剧烈的世界里，我们只能拥抱一种动态的思维和随它而衍生的不确定性，别无选择。

动态战略中的机会和能力

《边缘竞争》提出了动态战略思维的重要性和必要性，而动态思维的关键是在机会和能力之间的取舍和判断。

当断层发生时，社会资源会发生重大变化。这时，形成机会和能力的资源也在改变。我们的坐标不再是固定的。有的时候，旧的资源消失了，导致我们失去了一些能力；另一些时候，新的资源产生了，我们又获得了一些机会。我们处在一个新旧动能转换的时代，一切都在变化之中。

比如，人工智能技术是一种新的资源，它在各个行业都会产生很多机会。谁先进入这些领域抢得先机，谁就最有可能获得发展红利。但是，要真正赢得机会，自身必须具备相应的实力，比如需要一流的算法科学家。如果自身能力不足，那么也许可以通过收购团队，或者从竞争对手那里挖人，或者与在这方面研究领先的大学研究所合作等方式建立这种能力。这时候我们就有了一个机会和能力的组合。

再比如，亚马逊的电商业务需要匹配什么样的能力？《一网打尽：贝佐斯与亚马逊时代》一书记录了真实的思考过程。

2001年，亚马逊的杰夫·贝佐斯（Jeff Bezos）拜访了Costco（好市多，又名开市客，是美国最大的连锁会员制仓储量贩店）的创始人吉姆·辛内加尔（Jim Sinegal）。辛内加尔告诉他，Costco的秘密就是给消费者提供最低价格。这番话让贝佐斯恍然大悟。

当时的亚马逊已经上市4年，并且在电商这个全新的领域取得了领先的位置。但是快速的品类扩张、供应链的投入以及长期的价格补贴，使得亚马逊迟迟不能盈利。华尔街对其模式也不再看好，公司上下产生了困惑。为了扭亏为盈，要不要提高某些产品的价格？

究竟做电商需要的能力是什么呢？

贝佐斯邀请《基业长青》（*Built to Last*）的作者詹姆斯·柯林斯（James Collins）来公司调研并分享他的思想成果。柯林斯问了亚马逊高管们一个问题：你们的核心能力是什么？这个问题引发了亚马逊的深度思考，并意识到保持给予客户最低价格应该成为公司的核心能力。这种能力可以吸引用户大幅增长，而用户增长能促进其对供应商的议价能力，并进一步保持低价。这个闭环可以使得亚马逊获得超常的快速发展。

所谓保持最低价格的能力，并不是指在网上标出最低价就好了，而是一整套围绕价格建立起来的独特优势。它包括与供应商谈判时的强大议价能力、最先进的库存管理系统和物流能力，以及获取巨大用户流量的能力。这构成了亚马逊在电商机会和价格能力的组合。

当然，在艾森哈特和布朗提出这个理论的时候，互联网时代刚刚开始，许多现实中的实践还没有发生，因此她们没有能提出完整的框架和方法论。这一点，在"战略第三条路"中得到了进一步发展。

适时、连续跳跃

20 世纪 90 年代初期，中国的改革开放打开了市场，形成了巨大的非连续性。而进入世界贸易组织，中国企业进入全球产业链，又是一个巨大的非连续性。在此过程中，中国企业比他们的西方同行们面临更多的政策、市场、技术和文化方面的急剧变化，也因此获得了对资源、机会、能力以及跳跃的独特体验。

中国企业家是善于学习的一群人。他们在创业精神的推动之下，各自寻找不同的适合自己的发展道路，在需求和好奇之间，他们不约而同地去研究西方企业在市场经济下是如何成功的。源自西方的管理咨询公司和商学院就趁着这股需求浪潮来到中国传道。

当然，他们所带来的是源自西方的一些管理理论，这些理论在西方市场经济下的一些特定环境中发展而来，可以说具有"西方特色"。管理科学是建立在实证研究上的，因此其可行性必定与它所处的环境或格局是相关的。当环境或格局改变的时候，管理理论便有可能不完全适用。20世纪90年代初期，中国的改革开放方兴未艾，中国的企业管理界还是处于早期的发展阶段，企业家们对管理理念和思想还不是非常了解。当时很多中国企业家普遍有一个疑问：究竟他们的企业应该多元化还是聚焦？许多企业家认为这是他们要解决的最核心的战略问题。当时的咨询公司都是国外来的，中国本土咨询公司还未出现。外来的咨询公司一直给中国企业灌输一种简单二元的理念——战略不是多元化就是聚焦，不存在其他选择，而一般的外来咨询公司都倾向于劝导企业家们应该聚焦，不要什么都做。这反映了他们源自欧美当时主导战略思想的惯性思维。但在当时，受益于改革开放的红利，中国市场的新机会不断出现，而当企业家们面对诸多市场机会却被告知他们应该选择有限的时候，他们往往感到十分困惑。与此同时他们看到在海外许多华人的企业，特别是那些家族型企业却是在多元化经营，而不少也非常成功。这样的比较和外来咨询公司给予他们建议的落差让不少中国企业家甚为失落，不知如何是好。

同时，一个微妙的发展却刚刚开始。有一部分企业家在不知道或者没有受到这种简单二元思想约束的情况下，逐渐发现他们其实在貌似只有两种选择之余是还有第三条路的。我们称这种战略选项为一种适时、连续的跳跃战略（见图 14）。

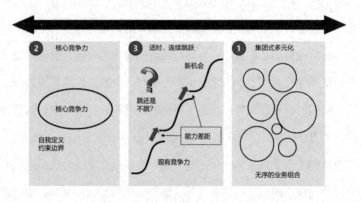

▲ 图 14：战略第三条路。图片来自高风分析

当企业创始时，它会选择某种业务，也会建立它所需要的核心竞争力，这是一个机会和能力的组合。但同时，市场会出现新的机会，而这些机会往往是以非线性、S 形状的方式出现。新来的机会可能是真实的，也可能是虚幻的；可能是庞大的，也可能是微小的；可能是现在的，也可能是过一段时间才会成熟的。面对这些新的机会，**企业家要做出判断：在企业未具备所有新业务需要的核心竞争力的情况下，要不要从现在的业务跳跃到新的机会。**

此时，企业家会碰上三种场景：(1) 跳过去，并成功地跳跃，在跳过去之余，尽快建立新能力和弥补能力的空缺；(2) 尝试跳过去，却跳不成功，并跌下来；(3) 不跳，停留在原位。

过去 20 多年的市场发展中，这三种场景都发生过，但总的来说，因为中国市场高速发展所带来的机会，我们看到中国企业成功跳跃的概率相对比较高。而且某些企业进行了多次的适时跳跃，由小跳到大跳，到巨跳。**换句话说，企业在跳跃的过程里，同时在驱动机会的发展。这是企业的主动行为，而不是被动的。**

在跳跃的过程中，企业在弥补能力空缺时一般会采取两种方法：一是自建；二是透过构建生态系统来建立，这是"战略第三条路"与"核心竞争力"理论最大的差异。"核心竞争力"理论指出企业必须具有足够的核心竞争力才能去经营某种业务，"适时、连续跳跃"的理论却认为企业在比较新的机会和风险之后，就算没有足够的能力也可跳过去，但必须在跳跃的同时建立所需的能力，可部分自建，可部分通过与合作伙伴合作发展新的能力（见图 15）。"适时、连续跳跃"理论与"多元化"理论的最大区别则在于多元化的集团往往缺乏核心，业务是多元的，没有协同，而适时、连续跳跃的企业不管跳得多远，还是有其原始的核心点。

"战略第三条路"之所以可以出现或可行，其中一个重要原因是新科技，特别是移动互联网的出现。科技是背后的驱动因素，它让遵循"战略第三条路"打法的实践者能够有一平台可以进行多次的跳跃。

其实，在中国企业之前，"适时、连续跳跃"的理论就已经被美国领先的科技公司所应用，如谷歌、亚马逊。透过"适时、连续跳跃"，这些企业在今天也成为全球最大市值的公司。

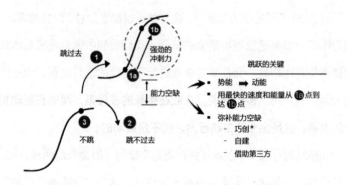

▲图 15：跳跃的关键是弥补能力空缺。图片来自高风分析

许多成功的中国企业都在遵循着"战略第三条路"的原则进行"适时、连续跳跃"。阿里巴巴就是典型的案例，从做外贸到淘宝、天猫，再到互联网金融、大数据、云服务以及其他业务，这些就是通过多次的跳跃而达到的（见图 16 和图 17）。

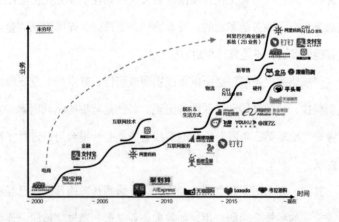

▲图 16：阿里巴巴多级跳跃示意图。图片来自高风分析

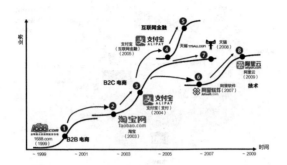

▲图17：阿里巴巴1999-2009年跳跃详解示意图。图片来自高风分析

这当中最值得关注的是其能力建设的过程。当电商遇到物流瓶颈的时候，阿里就联合物流公司成立菜鸟网络，在更好地服务客户的同时，做了大数据；当电商遇到在线支付难题的时候，阿里就做了支付宝。在打造能力的同时，阿里渗透到了互联网的其他领域，从大数据（支付宝、菜鸟网络）、云计算（阿里云）到金融科技（蚂蚁金服）。其结果是阿里建立起一个巨大的生态系统，完成从机会到能力，再从能力到机会的多次迭代和跳跃（见图18）。

不少人问"适时、连续跳跃"不就是"多元化"吗？因为走这条路的企业最后好像什么都做。事实上，"适时、连续跳跃"的企业尽管在跳，但它们不会轻易就放弃它们的核心业务，但多元化企业却不一定如此。在这个问题上，阿里巴巴的创始人马云曾经说过："很多人都说阿里巴巴什么都做，其实我们只做一种事情，即'让这世界上没有难做的生意'。"

图 18：阿里巴巴生态系统图。图片来自高风分析

　　"适时、连续跳跃"也让中国很多传统行业公司脱胎换骨，获得全新的发展机会。

　　吉利汽车曾经是一家传统的汽车 OEM（Original Equipment Manufacturer，原始设备制造商），但技术和市场资源的急剧变化为它创造了跳跃的空间。今天，它已经成为全方位的运输服务提供商，拥有庞大的移动出行生态系统。对沃尔沃的收购、进入电动车领域、推出曹操专车等网约车服务，这些对吉利来说都是巨大且富有勇气的跳跃。它们并没有被这些跳跃的难度吓到，也没有被暂时缺乏"核心能力"所迟滞。它们通过与其他企业合作弥补原有的能力空缺，而且在旧有的基础上创新，建立起一个新的能力体系（见图19）。在新科技的驱动下，汽车行业正在经历史上的一个巨大改变。无论在需求端还是供应端，巨变正在驱动连串的创新和随之而来的新战略打法。

　　不少其他今天已经相当庞大的互联网企业也有类似的现象。腾讯、平安、华为等也是"战略第三条路"的实践者。

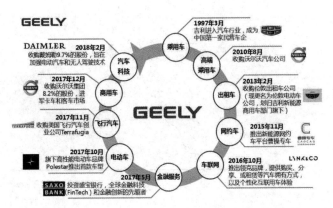

▲图19：吉利汽车生态系统。图片来自百度百科、搜狐汽车、吉利官网、高风分析

"战略第三条路"弥补了原来"战略第一条路"和"战略第二条路"两者之间的空白，它将原来隐藏着的战略思考维度突显了出来，让企业决策者有更完整的选择方案。"适时、连续跳跃"并不代表企业不需要将业务做得极致。在今天竞争激烈的状态下，不专注、不做到极致是很难成功的。

与"战略第三条路"对比，"战略第二条路"最大的区别是自我将边界过分的界定。"核心竞争力"的概念其实更正确的演绎是"边界的固定"，而不是"专注"的意思。无论企业选择走上哪一条战略道路，在竞争面前，企业要成功，它必须要做到专注和极致才行。

边界 = 机会 vs 能力，从边缘到核心，从核心到边缘

上述战略的各种道路的差异本质在于如何看待机会和能力之间的对比（见图20）。更具体来说，企业的边界是企业在机会和可获取能力之间的选择和博弈之后得出的结果。而这种选择和博弈，是可

在企业发展历程中多次出现的,所以企业的边界也是可不断地调整的。

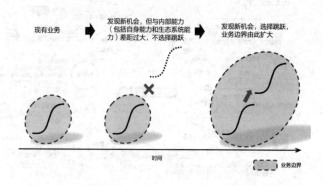

现有业务

发现新机会,但与内部能力（包括自身能力和生态系统能力）差距过大,不选择跳跃

发现新机会,选择跳跃,业务边界由此扩大

时间

业务边界

▲图 20:边界 = 机会 vs 能力。图片来自高凤分析

"战略第三条路"的一个核心理念是:企业的业务边界是可移动的,而移动的方式是可规划的。边界的移动与否取决于企业在面对新的机会时决定是否跳跃。企业不应盲目延伸自身的业务边界,否则就会变成"多元化",但也应考虑是否让自己的业务边界在无论外界发生什么改变的情况下都一成不变或只做稍微调整,即聚焦"核心竞争力"。在面临是否跳跃与选择其方向和时机之时,企业战略正如艾森哈特和布朗提及的,战略是动态的,企业必须要对自己的核心和边缘业务有着明确的判断。

企业如果选择跳跃,从原有业务跳到新的业务,那么其边界就会发生改变;如果企业选择多次跳跃,则其业务边界就会随之不断延伸。当企业通过自建、并购或借助生态系统等多种方式成功跳跃后,它会在新的领域不断地重塑业务边界,不断地进行动态调整。在这动态调整的过程中,企业的边界会扩张、膨胀,也有可能收缩。

边界从本质来讲也是动态的，理论上不可能是绝对无限的，但也不可能是绝对有限的。无限与有限之间的动态平衡与调整就是《边缘竞争》的最核心理念。

动态的另一种方式表现是企业原有核心业务和边缘业务的战略调整。以苹果公司为例，在推出智能手机之前，它的核心业务是 PC（Personal Computer 的缩写，指个人计算机）。智能手机刚出现时，它仅是苹果公司的边缘业务，但很快地，边缘业务便成为核心业务。IBM（International Business Machines Corporation 的缩写，指国际商业机器公司或万国商业机器公司）从主机时代到服务时代，从服务时代到 IT（Internet Technology 的缩写，指互联网技术）再到云 +AI（Artificial Intelligence 的缩写，指人工智能），也是经历了"从边缘到核心"，然后"从核心到边缘"的数次动态调整（见图 21）。

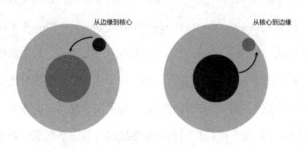

▲图 21："从边缘到核心""从核心到边缘"示意图。图片来自高风分析

雷军领导的小米也经历了类似的战略调整过程。对雷军个人来说，原来金山软件是他的核心业务。在卖掉金山之后，他成立了小米，

它的核心业务是智能手机，边缘业务是互联网服务。逐渐地互联网服务的收入超过手机硬件的收入，成为小米的新核心。同时新的边缘业务包括消费类 IoT 物联网平台和新零售等又出现。今天小米的 IoT 物联网平台也逐渐成为它举足轻重的核心业务。

在我们的观察中，一些企业能够成功地实现突破，但另一些却只能故步自封。跳跃成功的关键是什么？它是机会与能力之比。这里的能力并不只是企业自身的能力，也包含企业自建、并购或组成生态系统等隐性的能力。

"战略第三条路"的思考在 2000 年代初期开始酝酿，2010 年代初期形成雏形，至 2014 年正式提出。在这段时期之中和之后，也有一些同行发表了非常好的著作，在概念上与"战略第三条路"有些地方类似，但有些地方却不相同。

2011年，埃森哲的两位专家保罗·钮恩斯(Paul Nunes)和提姆·布锐恩 (Tim Breene) 出版了一本叫《跨越 S 曲线：如何突破业绩增长周期》（*Jumping the S-Curve: How to Beat the Growth Cycle, Get on Top, and Stay There*）的书，提出了在 S 曲线上跨越的概念（见图 22）。在书中，两位作者看到了一个成功企业在攀登增长曲线时的必备条件：对市场机会的洞察，实现快速规模化的能力，以及所需的人才环境。他们指出企业发展战略可看作是在第一条增长曲线结束，第二条增长曲线开始时的切换。相比以前的定位论，钮恩斯与布锐恩将战略调整的概念通过 S 曲线的转移带了出来是一大进步。但他们指出跨越必须在第一曲线结束后，才能开始延伸到第二曲线。在"战略第三条路"里，这是其中一个可能的场景，但并不是所有的场景。同时它没有提出弥补能力的部分。

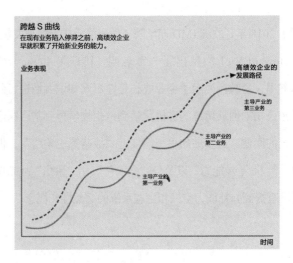

▲ 图 22：跨越 S 曲线。资料来源埃森哲

组织管理学者查尔斯·汉迪（Charles Handy）于 2015 年出版了一本名为《第二曲线：论重塑社会》（*The Second Curve：Thoughts on Reinventing Society*)的书。他的理论与钮恩斯和布锐恩的很相似。他提出了企业可以在第一曲线式微时开始进入新的第二曲线。但同样的，它缺乏了"适时、连续跳跃"的概念。在"战略第三条路"中，跳跃（或进入新曲线）并不需要以第一曲线开始式微作为先决条件。此外，他没有提到弥补能力空缺和相关组织形态等重要构成方面。

2016 年，美国 L.E.K（艾意凯）咨询公司两位合伙人艾伦·刘易斯（Alan Lewis）和丹·麦科恩（Dan McKone）写了一本书叫《边缘战略》（*Edge Strategy*）。他们认识到企业新的机会往往来自它的原有业务的边缘，而不一定是在它原来的核心。不过他们并没有提到"适时、连续跳跃"，也没有提到弥补能力空缺和组织生态的必要性。

到了 2018 年，欧洲 IMD 商学院（瑞士洛桑国际管理发展学院）俞昊（Howard Yu）教授出了一本名叫《跳跃》（*Leap*）的书。在这本书里，俞教授说明了企业成长是在不同知识领域进行跳跃，并以医药公司如何从传统的有机化学到微生物学再到基因医学领域作为说明的案例。这本书的思想很接近"战略第三条路"，但没有将"边界 = 机会 vs 能力"以及与"多元化"和"聚焦"战略做出对比，更没有提到弥补能力空缺和生态系统的必然性和概念。

本书主要讲什么

在余下的章节中，我们将对"战略第三条路"的理念和思想框架做进一步的阐发和总结。我们会谈"断层""不确定性""机会和能力"以及"适时、连续跳跃"等。我们希望帮助和启发读者思考如何在新的大航海时代生存和发展。

我们写作的前提是对我们这个时代的认知。这是一个新旧交替的时代，企业一方面在旧的模式下竞争，另一方面必须面对新模式的挑战。新技术、资本、地缘政治、人口、气候等的变化，带给我们新旧时代之间巨大的断层和不确定性，从而产生前所未有的机会和挑战。这是我们思考问题的基础。我们无法预测未来，但我们可以研究的是企业如何在不确定的环境下生存和发展。

在本书中，我们分享了这样一种关键观察，即在巨大的非线性市场状况下，企业会通过**"适时、连续跳跃"**获得成长。这是作者通过长期与国内外一流企业和企业家共同工作，对观察到的规律做的前瞻性总结。当然，这不是一本评价企业和企业家的书。我们引用许多案例，是因为其中包含了规律性的元素。我们并不会褒扬或贬低特定企业，也不会对企业的未来进行预测。

我们会在书中重点解释跳跃的形成。在我们看来，"跳跃"是企业改变自身边界的方式，而"边界"是机会和能力的外在表现。企业正是在不断地从机会到能力，再从能力到机会，实现螺旋式上升。

我们会重点阐述四种类型的断层，它们各自带来的机会和能力组合，以及相应的跳跃。

传统市场的结构变化是企业常常面对的断层。这种变化可能来自原有竞争格局的大幅度变化，也可能是替代模式的出现。这时候，企业可以通过"重新定义市场"，来获取新的机会和能力。在这里，我们会以家具和汽车市场为例，了解真实的跳跃经过怎样的心路历程。

在任何一个完美定义的市场之外，总是存在着一些不为人知的机会。这种由于非对称市场引发的非连续性，会让新的机会和能力组合突然出现。我们会以亚马逊成功创造云计算市场为例，了解互联网企业发展的秘密。

技术作为一种包含自生长逻辑的体系，必然会跟社会发生碰撞，这也就是我们说的颠覆。这种力量可以创造出全新的机会和能力，是企业跳跃的第三种机会。我们会分享"PayPal黑帮"的故事，看到互联网时代新的商业模式是如何产生的。我们也会探讨这些模式与社会必将发生的冲突，以及为什么我们认为这是跳跃的最好时机。

最后，有机食品和人造肉之间有什么关系？精酿啤酒是怎样从无到有成为 200 亿美元的市场？Supreme（以滑板为主的美国街头服饰品牌）和 Off White（美国新晋街头潮牌）为什么卖这么贵？人类作为想象共同体的集体意识，决定了文化、生活方式和亚文化。文化和观念形成的断层，将带给我们令人惊叹的机会和能力，也让企业的跳跃为我们留下永久的记忆。

与此同时，我们把目光投向跳跃中的企业。除了在每一次机会中获取相应的能力，这些企业似乎还需要一种"能力的能力"。我们把它们统一称作"企业在不确定环境下的生存能力"。我们会将其归纳为三种：生态系统（对外）、韧性组织（对内）、领导力（对领导者）。

我们会从小米的生态系统开始，讨论企业生态系统和自然界生态系统的相似之处。生态系统帮助企业获得本来无法获得的能力，从而在跳跃中获得足够的支持。

我们会从谷歌 AdSense（广告联盟）的传奇故事开始，讨论企业 DNA 和韧性组织。通常人们忽略但非常重要的组织元素，是组织的潜意识，而这决定了在跳跃时，企业能否产生合力。

最后，我们会审视领导力。是什么能力让一个好的船长成为穿越风暴的航海家？是直觉，还是理智？什么是 Mindfulness（觉醒性）？印度哲学给我们什么启示？在这一章，我们会看到大航海带给我们的更深刻的思考。

探索者永远与危险作伴

历史学家阿诺德·汤因比（Arnold J. Toynbee）在他的名著《历史研究》（*A Study of History*）中将有史以来的人类社会分成 21 个文明。这些文明大多夭折了，有少数还在延续。决定一个文明是否能够成长的关键因素，在汤因比看来，是这个文明在逆境中的表现。这是著名的"挑战－应激模型"。

汤因比说："原始社会就像是一群昏睡在山腰部的一块突出岩石上的人们。它的上面和下面都是悬崖峭壁。文明则像是这些昏睡者的伴侣，他们正抬起脚来，开始攀登上面的绝壁……我们却无法判断他们中的哪些成员有希望抵达上面那块看不见的岩石……不过我们能够肯定他们中的某些人将始终爬不上去。我们能够看到，对于每一个现在正在奋力攀登的人来说，两倍数目的人（我们已灭绝了的文明）掉到下面的岩石上，成为失败者。"

文明的攀登，企业的跳跃，是在悬崖峭壁上进行的。每一次跨越，可能是下一个目标的起点，但也可能是落入深渊的终点。因此，当我们说机会和能力的时候，我们通常在说危和机。

探索者永远与危险相伴。

这样的例子比比皆是。

2019 年 5 月，为了应对美国的"实体清单"。华为海思的总裁何庭波宣布启动"备胎计划"，从而让这家业界赫赫有名的芯片公司浮出水面。人们惊讶地发现，华为不仅是通信设备公司和手机制造商，它居然还是一家芯片公司。事实上，海思的前身，华为集成电路设计中心成立于 1991 年，到了 2018 年，海思以 75 亿美元的销售额，在全球无晶圆厂的 IC 设计公司（Fabless）中排名第 5。

众所周知，芯片是极端复杂的业务，很少有企业有勇气做芯片。为什么华为这么早就下决心做呢？因为任正非的危机意识："10 年来我天天思考的都是失败，对成功视而不见，也没有什么荣誉感、自豪感，只有危机感。"

华为的危机意识从哪里来？来自他们的企业实践。在国内的通信领域他们面临激烈的市场竞争，不但有中兴这样的国企，也有小米、OPPO 这样的民企；在海外市场，比如非洲、中东、南美，会面临高度的不确定性；通信行业技术更新快，从 3G（第 3 代移动通信技术）、4G（第 4 代移动通信技术）到 5G（第 5 代移动通信技术）、6G（第 6 代移动通信技术），曾经的巨头北方电讯就因为一步闪失就跌下万丈深渊。

在逆境中长大的华为，反而会发展出特殊的韧性和能力。这个时候，危险反而成了机会，造就了新的增长点。从这个意义上来说，跳跃是对机会的把握，也是对危险的防御。

接下来，让我们迎接不可预知的命运，来看看跳跃是怎么发生的吧。

第 4 章

吉姆·哈克特的转型之旅

▶

　　我们最容易见到的断层（或者说非连续性），出现在市场结构发生重大变化的时候。很多时候，这种变化来自因竞争形势的改变所带来的供求关系突变。另一些时候，完全不同类型的竞争者进入市场后，将产生意想不到的结果。这时，新的机会和能力会随之出现，企业也需要跳出原有的格局。

　　在我们所说的四种断层和相应的跳跃中，第一种企业通过重新定义自己所在的市场，来获得新的机会和能力。正如我们这一章的主人公吉姆·哈克特（Jim Hackett）所说的，作为企业家，我们要为自己的企业找到一个"更高的追求"，这样才能发现一个更大的市场。

办公、家具、设计思维

2014 年 2 月，当 59 岁的哈克特正式从 Steelcase（全球办公家具行业的领先指导者）公司退休的时候，他已经在这里工作了 33 年。他被广泛地认为是促成这家世界上最大的办公家具公司转型的关键人物。他在这里做了 19 年首席执行官，扭亏为盈，将这家之前一度亏损的企业带到了销售额 27.5 亿美元、盈利 5000 多万美元的正轨上。现在，他终于可以放心地交班了。

退休之后的他又做了 1 年的副董事长，确保下一任的顺利接班。然后他去密歇根大学当起了临时体育总监，一边帮母校寻找这个位置的全职总监，而另一边把美国橄榄球职业联盟旧金山 49 人队的明星教练请回学校，担任球队的主教练。作为当年密歇根大学橄榄球队的主力，这是他回馈学校的一种方式。除了担任一些指导性质的工作外，哈克特似乎已经准备安度晚年了。

也许他自己也没有想到，这样的日子仅仅过了3年。2017年5月，福特汽车公司发表声明，任命他为新一任的首席执行官。福特的董事长比尔·福特（William Clay Ford，Jr.）说："哈克特是在汽车行业和更广泛的出行领域变革时期最适合领导福特的首席执行官。"

所有人都在问：百年福特为什么会把未来交给他，一个已经退休了的家具公司前高管？

百年老店

有人这样评价哈克特："他最知道领导一个超过百年的企业是一种什么样的体验。"

Steelcase公司成立于1912年，到哈克特退休的时候正好102年。最初，这家公司主要制造钢制的办公用品。它于1914年推出了全球第一款金属废纸桶。针对那个时代员工在办公室吸烟的习惯，这款产品解决了纸篓易燃的问题，在当时是一个很大的创新。这也成为公司的第一项专利。

一年后，Steelcase为波士顿海关大楼设计制造了首款钢制办公桌，为改善这座摩天大楼的办公环境发挥了其独有的作用。到了20世纪60年代末期，Steelcase已经成为办公家具行业的领导者。

20世纪七八十年代，公司进入全盛期，也成为美国制造业黄金时期的模范企业。在2017年10月《纽约客》杂志上一篇名为《欢迎我们新的机器主人》的文章里，Steelcase 的老员工回忆了甜蜜的往事。那时工厂管理井然有序，车间里工人并排组成生产线，抛光上漆组装各种家具；门口申请工作的人排成长队，人人以能到这里工作为荣。工厂的管理人员开着时尚的豪车，每家都有两套湖景别墅；员工的子女要是愿意暑假来这里实习，那他们的大学学费公司就全包了；厂里还喜欢搞文娱活动，丰富职工生活，一个保龄球比赛都会有 1500 人参加……

然而，好景不长，90 年代初的经济衰退带来行业普遍的不景气。现在回想起来，美国制造业的转折点就是从那个时候开始的，而这成为一个不可逆的趋势。**随着全球化的展开以及制造业向低成本国家的转移，这种供求关系的根本转变形成了一个巨大的断层。**

公司销量下降，连年亏损，最多一年净亏 7000 万美元。劳资关系开始变得紧张，工会这时候也开始介入了。1994 年，39 岁的哈克特临危受命，被火线提拔为新一任首席执行官。

如何扭转公司的颓势？首先得止血。哈克特打出了一套组合拳。他在接下来的几年里关闭了一半以上的工厂，辞退了 12000 人，让公司大幅度瘦身。这个过程充分体现了他清醒的头脑和铁腕的风格。与此同时，他也展示了作为领导者的同理心。要知道这些被解雇的人中很多是他的老同事，他甚至要亲自解雇他婚礼的伴郎。哈克特抱着极大的同情心安抚这些员工，在接下来的几个月里，他坚持每天早上和不同的离职人员吃早饭，尽他最大的努力来帮助他们找到新的机会。

瘦身成功之后的 Steelcase 没有再雇佣更多的人。事实上，随着时间的推移，更多的工厂被关闭。到了 2017 年，公司在美国境内只剩下密歇根的两个工厂和亚拉巴马的一个工厂，海外的生产则全部在墨西哥。

与此同时，Steelcase 加速了工厂自动化的布局。工业机器人的大量使用提高了效率，减少了对人员的需求。哈克特抓住了从 20 世纪 90 年代开始的全球化和数字化浪潮，让 Steelcase 在家具制造领域又重新确立优势。

如果故事到此为止，那么我们仅讲了一个在制造业艰苦打拼的故事。我们可以说哈克特是一个非常称职的首席执行官，甚至可以说他是家具行业的曹德旺。

不过，这不是哈克特的全部。因为在传统家具制造的边界之外，变化正在静悄悄地发生。

开放办公

理查德·佛罗里达（Richard Florida）在他著名的《创意阶层的崛起》（*The Rise of the Creative Class*）一书的开头，讲了一个很有意思的观点。假设一个 1900 年出生的人穿越到 1950 年，和一个 1950 年出生的人来到 2000 年，他们谁会更不适应？

50 年当然会带来很大的变化，可是哪一个会感到变化更大呢？表面上看应该是前者，因为 1900 年的人没见过汽车、电视、洗衣机，他们没见过现代生活。可实际上呢，后者更不能适应。因为 1900 年的人和 1950 年的人的工作环境和工作方式是一样的，大家都穿着制服，按时间打卡，在同一个地方上班。而到了 2000 年，有大量的工作没有这种要求。人们穿着随便，时间灵活，在任何可以上网的地方工作。佛罗里达认为，创意阶层的崛起改变了我们的工作方式。

和我们今天看到的很多事物一样，办公空间这个概念也是工业革命的产物。确切地说，最早的办公室就是对工厂的模仿。按照《隔间：办公室进化史》（*Cubed: A Secret History of the Workplace*）的作者尼基尔·萨瓦尔（Nikil Saval）的说法，最初的人们觉得办公室无非就是制造文件的工厂，那干脆就按照生产线的组合方式来设计办公室吧。这就是我们常常在电影里看到的 20 世纪初美国办公室的场面，包括高屋顶、大空间、长条形的办公桌、白领工人沿着办公桌坐在自己的工位上，经理则有自己的私密空间。伟大的建筑师弗兰克·赖特（Frank Lloyd Wright）早期也有过类似的设计。

到了 20 世纪中叶，两位德国设计师施奈尔兄弟，开始改进这种安排方式。他们意识到，办公室不是工厂，人们在这里不是生产物件，而是生产思想，而思想是需要交流的。1958 年，他们推出了自己的理念，并称之为"办公室景观"。在这种设计中，空间是开放的，办公桌则被组合在一起，虽然看上去更混乱了，但其实人与人之间的交流和动线是经过精心设计的。这是开放办公的雏形。

然而，一个完全开放的办公空间的优点和缺点一样突出。就设计者的本意而言，工位的重新组合确保了人们之间交流的方便，但是完全没有遮挡又会让人互相干扰。这个问题引发了家具公司 Herman Miller（美国最主要的家具与室内设计厂商之一）的一位员工罗伯特·普罗普斯特（Robert Propst）的思考。经过长时间调研，他和设计师乔治·尼尔森（George Nelson）开发了一个新的模式，让每位员工座位周围都有物体环绕。他们的设计第一次把"个体"作为设计的中心，让"人"在办公环境中有充分使用空间的权力。

Herman Miller 在 1964 年按照这个理念推出"行动办公室"，引起了业界的轰动。4 年之后，简约版的"行动办公室 2.0"成为行业标准。这就是欧美主流的"隔间"办公室。一桌一椅，三面隔断，一面出入。我们谁没在这种办公室里工作过呢（见图 23）？

▲ 图 23：Herman Miller 的行动办公室效果图

时间来到 90 年代，下一个登场的是哈克特。

设计思维

哈克特被《华尔街日报》称为"开放办公运动的先驱者"。

2017 年，哈克特在接受魔鬼经济学电台（Freakonomics Radio）采访的时候，回忆起了这段往事。他说他可算不上先驱，那是属于 Herman Miller 的荣耀。在他那个时代，也就是 20 世纪八九十年代，开放办公的概念已经有了很大发展。这个运动重新被点燃，是由于纽约商业地产租金的上涨，让企业重新考虑节约办公空间的方法，而开放的办公室要比隔间成本更低。

然而，节省成本只是其中一个因素。他看到越来越多的工作是由团队完成的。如果说他开创了一个运动，那么他的贡献就是推动了"隔间"空间向"团队"空间的转化。换句话说，他把围绕"我"设计的办公空间，推进到围绕"我们"设计的空间，从而适应越来越多以项目为基础的客户要求。

今天我们的工作环境较以前已经发生了很大的变化。一项统计指出，我们在工作中有一半时间在跟别人合作。而跨部门团队基于项目的协作被广泛地与创新、灵活和快速反应联系在一起。可是，在二三十年前，世界上大多数公司都是通过高度等级制的部门进行管理的，员工的主要任务是完成交给自己的任务，而不是与人交流。

当时的哈克特是怎样看到未来的？这跟他们的主业又有什么关系呢？

哈克特的灵感来自硅谷。早在 20 世纪 90 年代，他就常去加州跟史蒂夫·乔布斯（Steve Jobs）他们混圈子，了解科技的最新进展。在这个过程中，他发现了戴维·凯利（David Kelley）和他的 IDEO（全球顶尖的设计咨询公司）。对，凯利就是乔布斯的御用设计师，苹果电脑第一个鼠标就出自他手。而大名鼎鼎的 IDEO，是"设计思维（Design Thinking）"的主要推动者。在今天，每一个时髦青年都会把这个词挂在嘴边。

设计咨询公司在做每一个创意项目的时候，都会有不同背景和特长的人员参与。一个团队可能有工业设计师、结构工程设计师、电气工程设计师、空间设计师，也可能有服务设计师、交互设计师、品牌设计师，还可能有商业设计师和工程师的加入。在规定的时间内创造出令人耳目一新的产品，这样一个多元的组合依靠的是其高度的协同和执行能力。

▲图 24：IDEO 的旧金山办公室

哈克特回忆说，当他看到 IDEO 团队工作模式的时候，他意识到这就是办公的未来（见图 24）。这也是 Steelcase 的未来。

用他的话说，作为办公家具公司，我们的思路应该超越"家具"，去思考"办公"。他找到了"更高的追求"。

今天的 Steelcase 成为开放办公的定义者，在它的业务组合中，为客户提供办公环境设计是重中之重。针对中小企业、医院、传统工业企业、创新公司，Steelcase 都可以从开放办公的原则出发，为客户设计出效率最高的办公环境和家具。这得益于凯利和 IDEO 的支持。事实上，因为哈克特十分确信这个新的方向，他干脆买下了 IDEO。

我们常常看到企业在遇到重大挑战的时候，会收缩防线，回归到原本的核心业务里去，而一旦回去就再也出不来了。哈克特并没有放弃 Steelcase 作为制造企业的核心能力，但他同时发展了新的设计和垂直领域服务能力，从而摆脱了原有的竞争格局。

我们也看到另一些公司在原有业务遇到困难时，会想进入其他不相关领域，用多元化来分散风险。哈克特也没有这么做。说到底，他看准了办公是社会的刚需，投身于这个行业的企业终究能够找到属于自己的空间。

在从"家具制造商"到"办公空间解决方案商"的跳跃过程中，哈克特通过重新定义自身的市场定位，找到了新的一组机会（以团队为核心的工作空间）和能力（设计思维），走出了第三条路。

造车、出行、操作系统

福特汽车

哈克特接手的百年福特，究竟出了什么问题？

听听老板福特怎么说：我认为就公司管理而言，我们处在有史以来最具挑战性的时刻。你必须要管理现有业务，而且要管得非常好。你必须要预见一个非常非常不同的未来业务。然后你又必须建立一个桥梁，把这两者无缝连接。这是三个巨大的任务，而你必须同时完成。你不能把它们分开，因为它们是同时发生的。

当然，福特的董事长补充说：哈克特恰恰具备这种把现在、中短期和未来结合在一起，而又能适合我们这个组织的能力。

什么是福特的现有业务？打开 2018 年年报，我们可以看到福特的业务分为汽车、汽车金融、出行服务这三个板块。在总共约 1600 亿美元的收入中，汽车业务占 1483 亿，汽车金融占 120 亿，出行服务是哈特克在 2016 年担任福特董事的时候呼吁成立的，目前还在起步阶段，因此销售额只有 2600 万。从净利润看，汽车贡献了 47 亿美元，金融 22 亿美元，而出行则亏损了 5 亿美元。不难看出，福特的主要业务仍然是传统汽车的生产和销售。

曾经有那么一段时间，福特在汽车界的地位是不可撼动的，甚至可以说福特就是汽车的代名词。

▲图 25：福特的 T 型车

福特在 1908 年推出了 T 型车（见图 25），让汽车从一个高档奢侈品进入寻常百姓家。20 世纪初，美国工业化水平达到了一个新高度。钢铁和能源的工业化，为汽车价格下降提供了基础。福特更进一步采用"流水线作业"这个全新的生产模式，使底盘的生产时间从 12.5 个小时下降到 1.5 个小时。1910 年福特 T 型车的售价为780 美元，在采用流水线一年后就降为 360 美元。汽车从此成为大众可以买得起的消费品。

福特的贡献不止于此。他还首创 8 小时工作制，并且付给员工每天 5 美元的工资，这是当时平均工资的 2 倍。在宣布这个决定的第二天，福特工厂门口有 1 万人排队申请工作。减少的工作时间、增加的工资收入和汽车带来的便利，为美国创造了第一批中产阶级。

到了 1918 年，美国道路上有一半以上的汽车都是 T 型车。这款车到 1927 年一共生产 1500 万辆。其后 45 年内，这个纪录都没有被打破。T 型车使人类社会大步踏进了汽车时代。

"二战"之后，福特依然执汽车界之牛耳。1964 年，李·艾柯卡（Lee Lacocca）主导推出了"野马"车，原计划当年销售 7500 辆，结果第一年就卖出 42 万辆，创下了汽车销售的新纪录。野马车设计时尚，充满动感，直到今天仍然广受欢迎。"野马之父"艾柯卡第一次站到了舞台的中央。在未来，他还会经历升任福特总裁、上演与福特二世不和、离开福特、拯救克莱斯勒等人生大戏，最终成为众望所归的美国第一商业偶像。

两次石油危机之后，日本汽车开始崛起，福特成为美国汽车行业的担当。1986 年问世的福特"金牛座"采用符合空气动力学原理的流线型车身，在车厢内部也大胆创新，当年就卖出了 26.3 万辆。到了 1992 年，"金牛座"销量达到 410 万辆，全美排名第一，并且连续 5 年保持了这个位置。在过去的 21 年里，福特一共卖了 700 万辆"金牛座"，这还不包括200万辆挂着水星紫貂牌子的同款车。有人说，"金牛座"是底特律唯一一次击败日本汽车的进攻。

20世纪90年代离现在不过30年，福特却已经失去了往日的光环。在2018年全球汽车销量的排名中，福特掉出了前5名，前面有大众、丰田、雷诺日产、通用和起亚，后面的本田与它也相差不远。汽车市场竞争激烈，后起之秀的日系韩系，已经能和德系美系分庭抗礼。而福特也似乎泯然众人矣。

大环境似乎也在变化。2018年，全球汽车销量结束了连续7年的上涨，转为下跌。2018年较上年同比下降1.24%。2019年，这一趋势加速，摩根士丹利全年预计会下滑4%。其中原本一枝独秀的中国市场在2018年下滑了5.8%，2019年二季度更是下滑了13%。

市场趋冷，竞争加剧，2017年，福特汽车销量下跌25%、股价缩水40%、公司裁员1400人。2018年，福特的利润下滑了52%。

与此同时，汽车行业面临着巨大的非连续性（断层）。这一次不是来自熟悉的同行，而是来自不同行业的竞争对手。他们重新定义了一个新的"出行市场"。

出行市场

究竟什么是出行市场？福特说的"非常非常不同的未来业务"又会是什么？

我们把出行方式按照共享程度和技术先进度分成四种类型（见

图26）。第一类共享程度最低、技术最传统，我们称之为ICE（Internal Combustion Engine），也就是内燃机动力的汽车被私家拥有的模式。这是有着百年历史的传统汽车世界，以硬件销售为主，行业由传统汽车制造商和一级供应商驱动，思维相对保守。

第二类我们叫它定制的出行服务ODM（On-demand Mobility），也就是我们熟悉的共享出行的增强版，互联网平台可以动态地匹配出行的供给和需求。典型企业包括Uber、Lyft、滴滴、易到、神州等平台，也包括改进版的出租车公司。

第三类是私家拥有智能汽车模式NEV（New Energy Vehicles）/AV（Autonomous Vehicles），新能源车或者自动驾驶汽车。它们通过内置增强的车联网技术，提供高科技的车内体验。典型的企业包括特斯拉、蔚来和拜腾。

最后一类我们称之为自动驾驶定制服务AMOD（Autonomous Mobility On-demand）的模式。在这个场景下，自动驾驶、电动车和定制的出行服务融为一体，出行的成本大幅下降，安全性大幅提高，而智能化的定制服务使得汽车资产的利用率达到最高。这是未来出行的愿景，车企需要思考采用何种路径到达这种模式。除了车企，苹果、谷歌、百度、阿里、腾讯等高科技企业反而更有可能最早实现这一愿景。

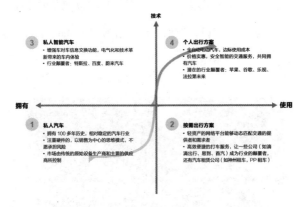

▲ 图26：汽车移动出行行业的演变。图片来自高风分析

我们从这几类模式的参与者中可以看出，这个未来愿景的形成几乎完全是由高科技公司（特别是硅谷的企业）在过去十几年中推动的。这些汽车圈外的企业的想象到底靠不靠谱？

我们先看电动车。

电动车的出现主要解决的是环保的问题，而传统汽车行业在这个问题上没有给出完美答案。20世纪90年代以来，气候变化和碳排放等话题成为人们关注的重点。汽油作为出行的主要燃料，也被认为是重大的污染源。与此同时，油价2003年开始一路飙升，从每桶20美元，到2008年的每桶147.27美元。寻找汽油的替代品变得迫在眉睫。

电动车并不是新东西。长期以来，电动汽车的可行性一直是个主要障碍。历史上法国人在1881年就造出第一辆电动三轮车。1916年，福特和托马斯·爱迪生（Thomas Alva Edison）也差一点推出电动汽车，但受制于电池技术始终不能商业化。2002年，硅谷创业家马丁·艾伯哈德（Martin Eberhard）找到了新方案。他提出用几千个锂离子电池代替铅酸电池，一下子就把电动汽车的续航能力从140公里提升到480公里。他和马克·塔彭宁（Marc Tarpenning）随即创立了特斯拉（见图27）。

▲ 图 27：特斯拉的两位创始人——艾伯哈德和塔彭宁

电动汽车带来了一种新的造车方法。由于电机可以均匀输出转矩和转速，感应电动机的动力系统可以大大简化，汽车也更加智能可控。这让人们感到造电动车不但可行，甚至可能比造燃油车更加容易。这也催生出一批怀揣着造车梦的企业家前赴后继地投入电动汽车产业。当然，他们会发现事实并非如此。

环保问题是关系国家和社会的问题。零排放的电动车得到了各国政府的大力支持。中国和美国都出台了一系列新能源汽车的补贴政策，来保护这个新兴的行业。2008 年，当特斯拉遇到严重产能瓶颈，几乎被资金缺口压垮的时候，美国能源部提供了 4.65 亿美元的低息贷款，帮助它渡过了难关。也因此，在传统汽车销量下滑的时候，新能源车特别是电动汽车，仍然保持强势的上涨。根据国际能源署发表的数据，2017 年全球电动车的保有量为 370 万台，2020 年有望达到 1300 万台，而 2030 年可能达到 1.3 亿台。中国目前占据全球电动汽车市场的一半以上。

人们认同电动车的未来吗？资本市场给出了答案。2018 年，特斯拉销售了不到 25 万台电动车，福特销售了 570 万辆汽车。但华尔街给出的特斯拉市值在 2020 年 2 月达到了惊人的 1451 亿美元，而福特同期只有 276 亿美元。

未来出行的第二个核心要素是共享出行。

共享出行解决的是出行的便捷和成本问题。这个问题传统汽车行业没怎么想过。

2008 年，特拉维斯·卡兰尼克（Travis Kalanick）和加勒特·坎普（Garrett Camp）在巴黎开会。据说在那个寒冷的冬夜，他俩怎么也打不到出租车。"要是有分时共享的豪华车服务该有多好啊。"回到加州之后，坎普开发了一个 App，用互联网平台提供叫车服务。2010 年他们在纽约用 3 辆出租车做了测试，10 月份他们拿到第一笔融资，Uber 正式登上历史舞台。

共享出行像野火一样在全球蔓延。很多时候，这个浪潮看起来不像商业行为，倒像一个大型社会试验。似乎人们是为了"情怀"而上了这辆车。真是这样吗？其实，共享出行在美国起源有着深刻的背景：一方面城市化带来严重的交通问题，使得持有车辆的成本大幅上升；另一方面，"千禧一代"比上一代更穷了。

美联储公布的最新《美国消费者金融调查》显示，"千禧一代"已经占美国总人口数的近四分之一，约有 7300 万人，可是其持有的财富总量仅占美国总财富的 3%。相比之下，"婴儿潮一代"（40后到60初）在同一年龄已经控制了全国财富的21%。"X一代"（60中到70末）也有6%。

"千禧一代"是最穷的一代人。年轻人买不起车，干脆连驾照都不想要了。密歇根大学的一项研究指出，曾经拥有一辆汽车是年轻人个性的体现，可是现在汽车只是一种代步工具。今天18岁的年轻人中只有60%有驾照，而在20世纪80年代这个数字是80%。

传统汽车行业的商业模式是以硬件销售为核心的，而由此造成的交通拥挤以及个人汽车资产利用率的下降并不是他们关心的问题。然而，这却是城市人群每天面对的现实。因此，尽管共享出行在发展中存在大量泡沫，并且泡沫在逐步破灭中，人们对定制化出行的未来还是做出了积极的选择。Uber的市值在2020年2月仍然达到584亿美元。相比之下，正如我们知道的，福特同期的市值是276亿美元。

最后一位正在登场的是自动驾驶。

自动驾驶试图解决的是出行的安全问题。人类驾驶汽车会受各种因素的影响，做出错误的判断，结果往往非常严重。世界卫生组织的数据显示，全世界每年因为交通事故死亡的人数达到125万人。传统汽车企业一直在努力开发智能工具辅助人类驾驶，比如宝马、大众、通用等汽车公司和以色列的芯片公司Mobileye合作，采用其开发的单目视觉高级驾驶辅助系统（ADAS），利用摄像头和图像处理系统，提前识别道路标识、车道、车距、行人和障碍物，提醒驾驶员尽早做准备。

但自动驾驶走得更远，它不再是辅助人类驾驶，而是用人工智能替代人类驾驶。自动驾驶的突破和DAPPA（美国国防先进研究项目局）有关。从2004年起，DAPPA连续3年举办无人车挑战赛。包括卡内基梅隆大学、斯坦福大学、佐治亚理工学院等许多知名大学的研究团队参加了比赛。第一届的比赛在150英里的沙漠赛道进行（见图28），没有一辆车到达终点。到了2007年，比赛在复杂的城市道路中进行，有四辆车完成了使命。这些比赛中采用的技术，比如激光测距、雷达测距、传感器等都在后来应用到了实际造车上。

▲图28：第一届无人车比赛的场景

谷歌在2009年首先开始了无人车计划，开始由谷歌街景的负责人塞巴斯蒂安·特龙（Sebastian Thrun）牵头。很快谷歌的创始人谢尔盖·布林（Sergey Brin）就决定亲自领导这个项目。2015年，谷歌实现了历史上首次真实街道上的无人车测试。一位盲人史蒂夫·马汉（Steve Mahan），坐上谷歌的无人车穿街走巷，安全到达。

自动驾驶引发了汽车行业的"军备竞赛"，几乎所有的高科技公司都参与其中。拥有人工智能技术优势的公司如谷歌和百度参与，是因为自动驾驶是其数字技术能力的自然延伸；共享出行公司如Uber参与，是希望自动驾驶彻底改变其成本结构，不再需要司机参与；电动车公司如特斯拉参与，是为其核心用户提供最前沿的智能体验。当然，传统汽车公司也必须参与，否则会被越甩越远。通用斥资10亿美元收购了只有40人的Cruise Automation（一家美国自动驾驶汽车生产制造商，致力于无人车的研发与生产）。而福特则在2017年用10亿美元投资Argo Ai（一家位于宾夕法尼亚州匹兹堡的无人驾驶汽车创业公司），当时的团队只有12个人。

人们是否看好自动驾驶的前景？前途是光明的，道路是曲折的。尽管各大车厂把推出自动驾驶车的时间一推再推，这个行业的头部企业，谷歌的Waymo（自动驾驶汽车公司）估值仍然高企，2019年9月，摩根士丹利将其价值估为1050亿美元，这还是在之前的基础上降低了40%。半年以后，《金融时报》对其的估值成了300亿美元。估值的大幅变化反映了人们对自动驾驶前景的判断。尽管如此，对于一个承诺仍然大于现实的行业来说，300亿仍然是可观的数字。我们知道，福特的市值是276亿美元。

操作系统

市场有了新的定义：出行。无疑也产生了相应的新机会和新能力。剩下的就是跳跃了，对吧？

等一下，没那么简单。

从目前出行市场新势力的表现看，走上这条路可相当不省钱。在电动车领域，特斯拉成立 15 年来就没有 1 年盈过利（见图29），2015 到 2017 年累计亏损 35 亿美元。2018 年大亏近 10 亿美元，2019 年则又亏损了 8.6 亿美元。蔚来汽车承认，4 年内他们亏损了 220 亿人民币。在共享出行领域，Uber2018 年亏损 18 亿美元，这些年累计亏损 79 亿美元。滴滴 2018 年亏损 109 亿人民币，过去6 年从未盈利。更不用说正在烧钱阶段的自动驾驶。据报道，谷歌的 Waymo 每年的亏损都在 10 亿美元以上。

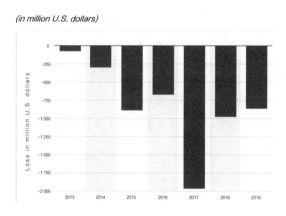

(in million U.S. dollars)

▲图 29：特斯拉年收入／亏损（2013 ~ 2019，百万美元）。图片来自 Statista

哈克特如果也敢这么烧钱，华尔街就敢把福特的股价打到怀疑人生。

那么，哈克特打算怎么建立起"通向未来的桥梁"呢？

2017 年，在魔鬼经济学电台的访谈中，上任没多久的哈克特谈到他打算如何重新定义市场，寻找"更高的追求"时，他的答复是——

福特的新定位是从汽车走向交通，成为交通领域的"操作系统"。

哈克特说，到了 2050 年，全世界会有 70% 的人口集中在城市居住。你能想象交通会拥挤到什么程度吗？以现有的道路基础设施和通过修更多的路来缓解交通的方法，这个问题只会变得更加无法解决。因此，在电动车、自动驾驶之外，福特希望通过建设交通出行服务云，以及运用 C-V2X（车联网技术），去帮助城市实现真正的智能交通。

为什么福特可以做到这一点？哈克特说因为全球有 1 亿多人在开福特的车，在此过程中，福特通过提供各种服务，收集到了大量的数据。云计算、车联网、数据，这些都是福特可以利用的技术资产，而这些资产也是建立在福特原有的汽车业务之上的。哈克特希望福特能够最终转型成为一家技术公司，同时还能继续卖很多的车。

哈克特为福特设计了一组新的机会（交通操作系统）和新的能力（数据）。他希望这能够帮助福特跳跃到下一个增长空间。

转型和双元性创新

哈克特和福特能否转型成功？谁也不知道答案。

但是，他们面临的问题具有普遍性。当企业面对市场环境的重大变化时，往往需要在保持现有业务和进入新业务之间取得平衡。我们看到的大量案例显示，这种平衡极其困难。

1976 年，罗伯特·邓肯（Robert Duncan）首先提出了企业应该同时具有应用性创新和探索性创新这两种能力的观点。他还把同时具备这两种能力的企业称为"双元性组织"。1991 年，斯坦福大学的詹姆斯·马奇（James March）在《组织科学》（*Organization Science*）上发表的题为《组织学习中的探索与开发》的论文，对这个话题进行更深入的探讨。

人们认识到"双元性创新"的必要性。但是，就像汽车市场展现的那样，进入新市场的潜在回报高，但投入大、风险高。当然，固守原有的业务，就有被市场甩下的风险。管理学家们的研究强调这两种模式同时并存的必要性以及相应的组织匹配，但是仍然没有给出战略上实现这种平衡的路径。

"战略第三条路"给出了一个可供思考的选择。正如哈克特在Steelcase所做的和在福特正在做的，企业通过设立更高的追求，重新定义了市场和自己的定位，从而让自己的主要业务能够在新的机会中发挥作用。这种跳跃，不是一种平衡，而是一种转身。

让我们祝哈克特好运。

第 5 章

互联网公司的秘密

如果说第一种跳跃是从主营业务转身，那么第二种跳跃就来自不被注意的未知空间。有人说：未来就在我们身边，只是分布不均匀。这句话有两个意思：一是说，我们身边存在大量有潜力成为未来的东西；二是说，我们大多数人看不到。

看不到是因为不对称。有的时候是市场信息不对称，有的时候是对市场的认知不对称。这种不对称会产生巨大的断层。从看似空白的地方生长出来的机会和能力组合，对一些企业是跳跃，对另一些则是大吃一惊。

我们这一章就讲一讲这些常人看不到的机会。

从别人看不到的机会出发

看到别人看不到的东西

先从一个最善于跳跃的公司亚马逊谈起，它最善于发现别人没有看到的机会。

被中国读者亲切地称为"姐夫"的贝佐斯是亚马逊的创始人，或许也是这个地球上最有钱的人。他到底多有钱呢？这么说吧，2019 年 1 月他宣布与跟他结婚 25 年的前妻麦肯齐分手。前妻分走了 25% 的家产（约 360 亿美元）。即使这样，贝佐斯仍然拥有超过 1100 亿美元的身家，仍然领先全球富豪榜。

但是挣钱似乎从来都不是他的终极目标。他是一个有着超凡理想的人，他创立的空间探险公司"蓝色起源"（Blue Origin）把目标放在了人类命运的未来。这是一个脚踏实地，而又仰望星空的人。

然而，贝佐斯还是一个脾气暴躁的人。坊间流传着很多他训斥下属的言论，被训斥的往往是公司的高管，也都是些有头有脸的人物。亚马逊的传记《一网打尽：贝佐斯与亚马逊时代》（*The Everything Store: Jeff Bezos and the Age of Amazon*）记录了一些他听取汇报时常说的话：

- "对不起，我今天是不是忘记吃'愚蠢'药了？"

- "你是懒，还是无能？"

- "我信任了你，让你来运营一个世界级业务。结果你又一次让我失望！"

- "你为什么要毁掉我的生活？"

这些试图"毁掉"他生活的人，很多都是他的得力干将。被老板当众这么训斥，他们也会感到委屈和郁闷吧。不过，虽然情感上不太能接受，但他们也不得不承认，老板指出的问题常常是重要的，不知道自己怎么会忽略。贝佐斯似乎总能看到他们看不到的东西。

这一点在做战略决策的时候特别明显。在亚马逊成长的 20 多年中，贝佐斯做过许多商业决定，有一些事后证明是错误的，但他的另一些决策，则决定性地改变了亚马逊的命运。

比如云计算。

似曾相识云归来

今天，云计算成为高科技企业增长的引擎，而亚马逊则是这个市场的统治者。据市场统计公司 Statista 的显示，2019 年全球云计算市场规模接近 1000 亿美元。其中，AWS（亚马逊网络服务）占有 33% 的市场，远远领先排名第二的微软 Azure（18%）和第三的谷歌云（8%）。了不起的是，这是一个由亚马逊从无到有建立起来的市场。

什么是云计算？

简单地说，云计算指的是使用远程服务器，通过互联网为用户提供数据的存储、管理以及处理的一种分布式计算能力服务。这里有两个关键点：一是这种服务是按需分配的。用户需要多少计算资源就可以买多少，就像跟电力公司买电一样；二是服务的内容包含各种计算资源，从存储到应用，因此也就产生了 IaaS（基础设施即服务）、SaaS（软件即服务）、PaaS（平台即服务）等细分领域。

在亚马逊发现这个机会并推出云计算的 2006 年，这种服务并不存在。这个业务离亚马逊的主业（电商）也相去甚远。不过，任何事物都有源头。计算资源如何有效地服务用户始终是计算机领域的一个重要话题。20 世纪 50 年代计算机问世不久，主要的计算平台——主机（Mainframe）非常昂贵，因此人们会想办法共享计算资源，用一台主机服务多个用户。70 年代虚拟机器（Virtual Machine）技术的出现，使得人们可以有效地管理多个后台服务器，而让用户获得虚拟的"专属"服务。到了 90 年代，随着互联网的兴起，通过网络进行分布式的计算服务成为可能。硅谷著名高科技公司升阳（Sun Microsystems）就此提出了"网络就是计算机"的宏大愿景：由网络提供计算能力，而把电脑退化成一个交互界面。甲骨文公司（Oracle）的传奇 CEO 拉里·埃里森（Larry Ellison）在 1995 年一次著名的采访中曾说，电脑真是一个可笑的东西，又复杂又昂贵。这个世界真正需要的是一个墙上的插口。你可以接入电力，就可以接入数据。这听上去是不是已经离云计算的构想很接近了？

传统战略的盲点

然而，最终推出云计算服务的，不是服务器双雄升阳或 IBM，不是数据库翘楚甲骨文，不是软件大佬微软，也不是网络霸主谷歌。为什么这些在技术上更相关的企业反而会忽略这个机会呢？

第一个原因，对主业特别是原有竞争格局的（过度）专注。

20 世纪 90 年代，正是微软和英特尔携其在消费市场的成功，以个人电脑架构，在企业级市场向原有的工作站架构发起冲击的时代。

升阳公司是计算机和互联网领域的顶级创新者。这家公司的主要产品，从性能优越的 SPARC（可扩充处理器架构）工作站，到开放的 UNIX（一种分时操作系统）操作系统，到互联网的创新语言 Java（一门面向对象编程语言），无一不是科技粉热爱的对象，也是企业级计算机市场的主流产品。然而，微软和英特尔的新架构价格便宜，性能也在大幅提升，对它的主营业务形成强烈冲击，因此急需找到应对之策。

升阳的好友是甲骨文。老板埃里森也不喜欢盖茨，一有机会就向媒体表达对他的鄙视。微软跟甲骨文在谁是软件行业老大这个问题上一直纠缠不清，而甲骨文的核心业务关系型数据库，也受到了微软的挑战。

这两家，再加上 IBM，这个当年不小心让微软做大，现在后悔不已的蓝色巨人，组成了同盟。也许是出于竞争的惯性，他们的着眼点仍然是计算机，为了落实"网络就是计算机"这个愿景，一种低价电脑——"网络计算机"（见图30）被推出，用来取代功能强大的个人电脑。这种电脑只保留基本的功能，大多数应用需要从网络上下载，这样使得成本大大降低。

▲图30：甲骨文公司推出的网络计算机

盖茨绝不退让。他为微软英特尔的架构辩护说："人们最终还是需要一个设备，能把从网上下载的数据存储起来，并在**本地运行软件。**"换句话说，人们还是需要功能强大的个人电脑，而软件应用应该在电脑上运行，而不是什么"云"里。微软不会随着对手起舞，因为在当时，个人电脑仍然是消费者心中的最爱。事后看，在埃里森发表那个关于电脑没用的著名讲话那一年，微软推出了 Windows 95，并在此之后进入了如日中天的全盛期。

我们常说，战略是在不确定性中寻找秩序的过程。技术提供的是某种秩序的可能性，而不是必然性。当我们回看历史的时候，会看到沿着因果关系呈现的清晰逻辑，并以为一切发生的都是历史的必然。然而在现实中，局面常常是混沌不清的，每一个决策都有多重因果关系在起作用。

在激烈的竞争中，企业的注意力通常都放在自己的核心业务以及主要竞争对手身上，其打法和思路或多或少有着原有格局下的惯性。对大多数企业来说，脱离主战场而去开辟新领域，似乎是违背常识的。

第二个原因，是这个云计算新领域看上去有点不靠谱。

今天我们定义的云计算，是基于企业有意愿将自身的数据和应用交给第三方来管理。对于成熟的企业来说，这个模式会让人担心。比如，数据安全会不会出现问题？服务质量如何保障？毕竟对于许多公司来说，数据和应用是重要的战略资源。

如果去调查这些潜在客户的话，很可能得出市场不具备吸引力的结论。这一点连亚马逊自己的董事会也这么看。2002 年贝佐斯要启动云计算项目的时候，董事会一致表示"怀疑"，认为这个想法"太大胆了"。

第三个原因，是云计算推出的时机。

在 2001 年高科技泡沫破灭以后，美国的经济下滑得有点厉害。大家的日子一下子变得不好过了，升阳、甲骨文、IBM，甚至微软，都面临着一个艰难的市场。

不过说起来，亚马逊是日子最不好过的一个。

亚马逊成立于 1995 年，是互联网 1.0 时代的电商企业代表。开始的时候，亚马逊主要在网上销售书籍和音像制品。1997 年上市之后，其业务拓展到更多领域，包括电子产品、儿童玩具、家居用品、美容产品、服装珠宝，甚至食品。亚马逊逐渐从一个网上书店，变成一个什么都卖的万物商店。

这种富于侵略性的发展模式，也为亚马逊带来沉重的财务负担。上市之后的两年，亚马逊每季度亏损几千万。1999 年季度亏损突破 1 亿美元，2000 年年末一个季度亏了 5.5 亿美元，2001 年互联网泡沫破灭，亚马逊的股价更是一落千丈。直到 2002 年 1 月，亚马逊才终于盈利了 500 万美元，而且还是在没有计入利息开支等财务支出的情况下。

那么，亚马逊是怎么想到要做这个八竿子打不着的非主营业务呢？

决策的三个节点

《一网打尽：贝佐斯与亚马逊时代》一书向我们揭示了亚马逊决策过程中的三个关键节点，让我们一起来看一看书中是如何描述这惊险一跃的。

第一个节点来自一个偶然，最终导致亚马逊网络服务的成立。**（注意，这个时候并没有发现云计算，但贝佐斯为后来的发现打下了基础。）**

2002 年，互联网的开拓者和先行者、科技畅销书出版商蒂姆·奥莱利（Tim O'Reilly）访问了贝佐斯。奥莱利代表早期互联网的理想主义思想，提倡一个公平、开放、共享的网络世界。他是开源软件运动和 Web2.0 的推动者，因此，他一直在批评亚马逊的封闭体系，建议贝佐斯开放资源，让更多的人受益。比如说，亚马逊可以把它的图书销售信息开放给外界，让作者们了解最新的读者动态。

起先贝佐斯对这个想法并不感兴趣，他说他看不出这个对亚马逊有什么好处。可是这次见面改变了他的想法，奥莱利告诉他不管他愿不愿意，很多人已经在用各种截屏技术来获取这些信息。亚马逊不如把自己看作是一个平台，开放应用程序接口给所有人，帮助更多的人成功，这是一件对大家都好的事情。

这会给亚马逊带来直接收益吗？好像不明显。可是贝佐斯听进去了。**而他一旦听懂了一件事，就会认真对待。**他立刻召集最高管理层讨论了这件事，并且邀请奥莱利给高管和公司全体员工上课，讲述高科技行业的经验教训，以及成为平台的重要性。他开始认真对待外部的开发者，召开了开发者大会，并专门设计工具去帮助他们。随后，他成立了一个部门，专门负责开发应用程序接口，这个部门就是 AWS。

接下来的第二个节点，体现的不仅是贝佐斯捕捉机会的能力，更重要的是他认知规律的能力。（**注意，这里仍然没有涉及云计算的市场，但是贝佐斯发现了一类问题，并寻求这类问题的普遍性解决方案。**）

这是贝佐斯最了不起的地方，他总是试图用**最科学的方法**去看待**一类问题**，而不是对具体问题做出具体反应。因此，他要求团队去**系统地思考** AWS 都可以提供哪些服务，从存储到宽带到支付。**所有相关的模块**都是值得研究的对象。

贝佐斯的模块化思维是受到了一本书的影响。当时亚马逊高管的读书会很多人在讨论《创造：生命和如何创造生命》（*Creation: Life and How to Make It*）这本书，其作者史蒂夫·格兰（Steve Grand）是一位研究人工生命（Artificial Life）的专家。他一直致力于研究如何赋予机器人智能和意识，为此他用一些基本（电子）组件（他称之为"元"）组成基本单元，试图模仿生命成长的规律。他发现，在适当的条件下，这些"元"会自我演化，并相互影响，最终会产生惊人的"化学"反应。而这些演化和发展是设计者所无法预见的。

贝佐斯把这个思想应用到了业务上。他让团队去尝试不同的"元"，然后看看会发生什么。既然不可能预先知道哪些模块会是赢家，那么大家都试一试吧。结果大家都知道了，众多模块中的两个"元"，提供存储服务的 S3（是一种对象存储服务，提供行业领先的可扩展性、数据可用性、安全性等性能）和提供应用服务的 EC2（亚马逊弹性计算云，一个让使用者可以租用云端电脑运行所需应用的系统）脱颖而出，成为 AWS 的核心业务。

比较 S3 和 EC2 的发展过程会很有意思。EC2 是由一位打算离职的 IT 主管克里斯·平克汉姆（Chris Pinkham）和他的团队在南非开发的，那时候亚马逊在南非连办公室都没有，而平克汉姆在这之后也真的就离职了。开发团队很少跟总部沟通，这是有意为之的，因为他们想避免受到贝佐斯的干扰。

而 S3 团队就没有这么好的运气了。他们跟贝佐斯在一个大楼工作，贝佐斯经常光顾这个团队，一起讨论问题，且对此倾注了极大的热情，他的暴脾气也让每一次会议看上去像是最后一次会议。

事实证明了格兰的理论。只要条件适合，"元"的生长是不可估量的。**老板亲自管也好，完全忽视也好，EC2 团队和 S3 团队都做出了杰出的产品。这种看似由偶然性主导的过程其实有其必然性。**

第三个节点来自云计算与用户见面的时候。贝佐斯展现了他在商业上的成熟和洞察力。（**在这里，我们终于可以看到云计算这个市场是怎样被创造出来的。**）

2006 年，在推出服务的前夜，根据市场和成本的分析，团队向贝佐斯建议了一个较低的价格，而贝佐斯二话不说，在此价格上又砍了三分之一，没有任何数据支持。大家提醒他，这样做公司会长时间亏损，他的回答是："太好了。"

贝佐斯后来解释了他的理由：他不想犯乔布斯的错误。他认为苹果智能手机的推出是一个成功，但其利润太过丰厚，使得所有人都看到有利可图，从而引发了激烈的竞争。而 AWS 的定价，使得行业最有威胁的玩家 IBM、微软、谷歌，都会因为这个领域利润太低而不屑参与，从而让 AWS 从容发展。

超低的价格吸引的是一类意想不到的客户：创业公司。EC2 上线的第一天就吸引了大量用户。由于美国东西海岸有三小时时差，先冲进来使用的东部用户竟然使系统瘫痪了，后面再来的西部用户都进不来了。这种疯狂是有数据支持的。2002 年全美风险投资在泡沫破灭之后仅仅达到 158 亿美元，而到了云计算推出的 2006 年，这个数字上升到了 265 亿美元，第二年则达到 315 亿美元。科技创业潮又回来了。

这个以服务创业公司起步的市场爆发了，而且很长时间内亚马逊是唯一的玩家。为什么呢？因为亚马逊不但创造了这个市场，而且有独特的能力去服务它。这里的能力不但是开发云服务的软硬件能力，也是一种提供超低价格的能力。还记得柯林斯和价格飞轮吗？**亚马逊完成了从一组机会和能力（电商、低价）到另一组机会和能力（云计算、软硬件开发）的跳跃。**

遗传变异和自然选择

亚马逊做对了什么

在常人可见与常人不可见之间，存在着一种非对称性。这种断层或者说非连续性有时候来自市场信息的不对称，有时候来自市场认知的不对称。

以云计算为例。这个市场原本不存在，因此无法从原有市场中得到它的信息或认知。但是，这个市场的潜在机会和所需要的能力，在某些因素的推动下是可能出现的。这些因素包括互联网的开放化和平台化、带宽成本下降、存储技术的优化、经济复苏和科技投资加速、高科技创业对数据存储的需求等。而这些因素部分是客观存在的，部分则需要被创造出来。

因此，就像我们在第三章里提到的，**跳跃本身也在创造机会，更不用说能力了**。从无到有，就是有意识地在未知中创造机会和培养能力。

为什么亚马逊能看到被人忽视的机会，并找到了合适的切入点呢？

我们看到杰夫·贝佐斯面对未知的态度。云计算跟亚马逊的主业差别如此之大，贝佐斯是不可能从已知的领域里看到它的。这时，像奥莱利这样的异质因素就尤为重要。尽管新的视角是贝佐斯不熟悉的，一开始也让他不舒服，但他没有拒绝尝试。这种态度的本源，来自贝佐斯超乎寻常的野心，以及他对不确定性的毫不畏惧。

我们看到一种解锁未知的方法。贝佐斯不满足于解决一个孤立的问题（或机会），而是把它看作一类问题，需要找到一个系统的解决方案。这种思维反映在亚马逊发展的每一个阶段。做电商，贝佐斯在想是不是可以在网上卖所有的东西，这让亚马逊跳出了书籍这个单一品类；做物流，他在想有没有办法让仓库的运转保持高效，不论平时还是节假日高峰期，这种思考让亚马逊重新设计了物流体系，使之拥有行业里最有效率的运营模式；做应用服务，他思考的是怎样提高计算资源的使用效率，这种思考带来了云计算。

杰夫·贝佐斯思考的是具有普遍性的问题。这种思维模式，帮助他超越了所谓市场分析，而看到别人看不到的东西。

我们看到从现在到未来的路径。进入新的领域，当然会有新的打法和规则。但这并不意味着和原有的经验隔绝。跳跃的成败，取决于基础是否稳固。贝佐斯在电商领域获得的经验，包括定价在内，也包括已经具备的 IT 能力，都是他赢得新市场的宝贵财富。

在外人看来，从电商跳跃到云计算是一个奇迹。但事实上，这是一种有意识的战略。从 2002 年开始，贝佐斯就不断地推动核心业务（电商）之外的业务机会，并且乐于承担这些机会所带来的风险。在他的内心深处，他知道原有的竞争格局早晚要被颠覆。与其被别人颠覆，不如自己颠覆自己。

企业的跳跃过程，常常可以看到边缘业务变为核心业务，而以往的核心业务又变为边缘业务。这正是企业从一组机会能力跳跃到另一组机会能力的过程。

贝佐斯对这种尝试到了痴迷的程度。看到 eBay（易贝网，一个可让全球民众上网买卖物品的线上拍卖及购物网站）成功，他就想为什么我不能也做网上拍卖？看到谷歌成功，他就想为什么我不能也做搜索？他尝试了比价网站，也尝试了服务众包。很多这样的尝试都失败了。另一些获得了不同程度的成功：云计算 AWS、电子书 Kindle、智能音箱 Echo 以及流媒体和电影。亚马逊在跳跃中不断改变自己。

今天，如果被问到亚马逊是一家什么公司？应该如何解释它的定位？它的核心竞争力是什么？它的多元业务符合组合原则吗？传统的管理学理论很难解释这种跳跃式发展的模式。而在现实中，亚马逊并不是孤例，许多新兴企业或多或少都在做类似的跳跃。我们应该如何理解它们呢？

幸运的是，我们还有非传统的管理学理论。

如何在丛林里生存

这是一个关于进化选择的管理学理论。

在《战略第三条路》那一章，我们介绍了一本划时代的神作《边缘竞争》。该书的两位作者在前互联网时代，已经非常有远见地预见到了未来由高度不确定性主导的市场环境，并提出了一系列动态战略的原则，这些理念在过去的 20 年中逐一获得验证。

作者研究了 20 年前计算机行业最领先的跨国公司，因为它们是最有创新能力、最具影响力，也最能代表未来的一类企业。作者把这些公司分成两两相对的 6 组，观察这些企业在不同维度上的优劣表现，从而找到对我们的启发。这些维度体现了作者所看重的关键问题：

（1）"即兴发挥"，在激发创新和强执行力之间找到平衡。

（2）部门间的有机协作，既不僵化，也不互相干扰。

（3）让过去的经验成为未来探索的基石。

（4）面对未来时，找到规划和探索的平衡。

（5）建立自身节奏，让开发新机会成为常态。

（6）培养企业内部的生态系统，让创新自发成长。

如果我们把这些关键维度结合起来，其实可以看到一个动态战略的整体风貌。这是生物进化的战略。这种思想关注环境的变化，以及对环境的适应能力。在剧烈变化的环境中，任何僵化的模式，不管它曾经多么强大，都难以长期生存，笑到最后。

《边缘竞争》的作者是传统战略思想的反叛者。虽然她们出身名门，一个来自斯坦福大学，一个来自麦肯锡，但是从思想根源上说，这两位作者更像是反出师门的挑战者。而历史证明，她们成了一代宗师。

　　比如，对于许多企业至今仍然在做的战略规划，作者提出了一个大胆但非常正确的见解："企业通过分析行业发展趋势，选择战略方法，并围绕该战略制定具体战术。"这种战略规划的确有鼓舞士气的象征性作用，但如果真的把它作为指导方针，那么结果就会是糟糕的。因为战略规划在思想本质上是被动的。"在高速变革的市场中"，它跟不上变化，更发挥不了"启示未来的发展"的作用。

　　参与制定战略规划的高管们和战略专家们，看到这里会不会一身冷汗？

　　那么，战略应该如何制定呢？作者认为应该分三步走。

　　一是建立公司的发展战略观。明确公司的大方向和定位，**但不对具体的行业发展做出简单判断。**

　　二是不断进行**低成本的探索实践**。这一条是关键。

　　三是对未来持续研究和关注。

　　亚马逊正是这种思维的实践者。另一位类似的实践者是耐克的创始人菲儿·奈特（Phil Knight），他说：我并不能肯定我们所采用的是一个明智的战略，通常我们会尝试实施某种战略，如果收不到成效，我们便会返回原处进行战略重组，直到最终我们发现了什么。

　　还有一个人是这么表达的。"一个清晰方向，是在混沌中产生的，是从灰色中脱颖而出的，而方向是随时间与空间而变的，它常常又会变得不清晰，并不是非白即黑，非此即彼。合理地掌握合适的灰度，是使各种影响发展的要素在一段时间的和谐，这种和谐的过程叫妥协，这种和谐的结果叫灰度。"这个人是任正非。

那么，新的机会和新的方向是怎样产生的呢？

《边缘竞争》的作者用八个字回答：遗传变异，自然选择。

企业在聚焦主业的同时，必须要引入异质元素来改变和挑战自我。对贝佐斯的云计算来说，这个异质元素是跟他唱反调的奥莱利，他给贝佐斯打开了一扇大门。对任正非来说，是他设计的红蓝军模式。在主力红军之外，他构建专门唱反调的蓝军，并从蓝军中选拔优秀人才做红军司令。他说："我的一生中，反对自己的意愿大过我自己想做的事情，就是我自己对自己的批判远远比我自己的决定还多。我认为蓝军是存在于任何领域、任何流程的。任何时间和空间都有红蓝对决。""允许异见，就是战略储备。"

《边缘竞争》的作者讲了一个令人印象深刻的故事。

北美洲东北部的拉布拉多地区常年居住着一个游牧群落，纳斯卡皮（Naskapi）人。他们在冰天雪地里生活，以猎取北美驯鹿为生。在春秋两季，他们埋伏在迁徙的路上等待大队驯鹿的到来。在冬天，他们四处寻找分散在灌木中的落单猎物。他们生存的秘密，是对地形、气候、驯鹿迁徙路线代代相传的经验（见图31）。

▲图 31：纳斯卡皮人以猎鹿为生

然而，有些时候外部环境会发生变化，驯鹿不一定按照他们设想的路线行进。这时候经验不起作用了，怎么办呢？

他们会采用一种古老的魔法。在鼓声的伴奏下，他们会燃烧驯鹿的肩胛骨，然后根据火焰的方向，决定他们追踪的方向。听上去不可思议，但纳斯卡皮人就是靠这个方法生存下来的！

这算是哪门子的战略？科学告诉我们，这是自然选择。

《边缘竞争》的作者进一步解释说，在进化过程中，生物通过遗传变异找到适应特定环境的生存选择，而变异是自然选择中最重要的一环。没有变异，生物的特征就会固化，一旦环境变化就无法适应。而有了变异，就意味着引进了更多的随机变量，从而使生物的适应性有了更多的选择。

纳斯卡皮人燃烧驯鹿骨头的行为，正是为了增加决策的随机变量，从而增加生存的概率。这像不像当年迪亚士的船队向西航行，最终找到向东的洋流?

今天，许多企业采用了更灵活、更落地的战略设计方式，把"试错"、"迭代"和"小步快跑"这些理念注入其中，并且广泛地增加内外部异质因素，鼓励内部竞争。这种战略思维的形成，部分归功于有预见性的思想者们，如《边缘竞争》的作者，打破传统僵化的管理学思维，为企业家们解放了思想；部分归功于身体力行的实践家们，如贝佐斯、奈特、任正非，以及无数互相学习、积极尝试的企业家，他们为后来者提供了无数鲜活的榜样。

当然，故事到这里并没有结束。就像纳斯卡皮人烧完骨头，就会整理好行囊，沿着火焰指引的方向出发。我们都知道，这不是他们熟悉的道路，而一旦走上这条路，也就没有了回头的机会。

跳跃很重要，更重要的是在跳跃以后生存下来。

彼之边缘，我之核心

异军突起

2019 年 7 月 18 日，亚马逊关闭了在中国的电商业务。

从 2004 年用 7500 万美元收购卓越网开始，亚马逊带来了一波让人耳目一新的操作：崭新的电商体验、高标准的仓储物流体系、丰富的产品选择，以及一度高达 20% 的市场占有率。然后，它用了 15 年时间，看着阿里和京东逐渐超过自己，成长为巨无霸，自己的市场份额则萎缩至 0.6%。

这还是我们刚刚极力赞赏的亚马逊吗？

让人难堪的是，在亚马逊被阿里和京东逼得步步后退的时候，一支本土新军拼多多异军突起。2019 年 10 月 25 日，这家成立才 4 年的企业市值一度达到 464 亿美元，超过了京东，当天在中国互联网十强中排名第 4。拼多多号称主打"五环外的市场"，也就是以往被忽视的三四线城市、城镇以及农村的消费者。2018 年上市的时候，已经积累了近 3 亿用户，被外界看作是阿里和京东的挑战者。

拼多多的崛起，是中国市场充满机会的又一个证明。它说明，即使在已经非常成熟的电商市场，即使有阿里和京东这样资源丰富且不断创新的公司，仍然存在着大量的机会留给有心人。

而亚马逊中国则是外企在中国命运多舛的又一个象征。从雅虎、eBay，到优步、领英，再到亚马逊，为什么这些在全球范围内最创新、最成功、最具进取心的企业，都在中国"水土不服"呢？

被误解的中国市场

对于中国市场的认知，是区别中国企业和外企的一个试金石。这里呈现出巨大的非对称性。

说起中国市场，特别是互联网，人们通常有一些固有的观念：庞大的消费人群，富裕的中产阶级，浮躁的购买心理，成熟的大佬玩家，消费升级的潜力。这是媒体上经常可以看得到的一面。

还有看不到的另外一面。根据 CNNIC（中国互联网络信息中心）2019 年发布的统计报告，中国的 PC 网民有 8.54 亿，手机网民有 8.47 亿。**近九成的网民没有上过大学。**网民中，初高中学历加起来占 61.9%，大学本科以上学历的不到 10%。网民中最多的是**学生**，

占比达到 26%，个体户和自由职业者占了 20%，而公司管理人员和职员总共才占 11.8%。从收入看，**超过七成网民月收入不超过 5000元**，其中无收入和月收入低于 500 元的网民占 19.9%。

很多企业都会做消费者画像，却很少有企业会专注互联网占比最多的人群。对许多市场的研究者来说，一二线城市的消费者是核心市场，剩下的那些他们叫"下沉市场"。

可是拼多多的黄峥不这么认为。他说："只有在北京五环内的人才会说这是下沉人群。我们关注的是中国最广大的老百姓，这和快手、头条的成长原因类似。"在他眼中，只有传统公司才用一线、二线、三线来划分人。"升级是一个五环内人群俯视的视角。"

黄峥说的对。中国的互联网就是由传统公司看不到的力量推动的。他们生活在中产阶级的边缘，在媒体关注的夹缝中，然而，正是这些人的行为决定了互联网的文化、语言、思维习惯，以及未来的发展模式。

而且，从一开始就一直如此。

1994 年 3 月，当中国加入国际互联网组织的时候，互联网还是一个充满精英色彩的舶来品。CNNIC公布的数据显示，直到1997年，全国网民数量也才 62 万人。而到了 4 年之后的 2001 年初，网民数量已达 2250 万人。在这个过程中，学习海外互联网企业的一代人，推出了和雅虎对应的三大门户网站：新浪、搜狐、网易；和 eBay 对应的淘宝；和谷歌对应的百度。这些企业带来了国外的商业模式和创新实践，也让中国互联网有了一批自己的人才。

但是在高大上的"新经济"背后，真正支撑起中国互联网的人群正在悄悄聚集。这群日后被称作"流量"的人，在当时并没有被太多关注，因为他们不能带来即时回报。他们的身份，只是互联网最忠实的用户。

我们中有些人还能回忆起互联网早期，曾经有这么多有意思的论坛：天涯、铁血、猫扑、西祠胡同、百度贴吧；曾经有那么多有趣的人分享他们的智慧，从原创小说到历史掌故，甚至还有程序的源代码；曾经有那么多游戏，让我们废寝忘食，从 MUD（多用户虚拟空间游戏）到 RPG（角色扮演游戏），从帝国时代到魔兽世界。

最妙的是，这些都不需要付出太高的成本。因为真正的互联网思维是开放和分享。这一点从互联网的创始人之一蒂姆·李（Tim Berners-Lee）的身上得到完美的体现。他在 1989 年第一个提出万维网的概念，并在 1990 年开发出世界上第一个网页浏览器。他创建了万维网联盟，并且免费将这项技术送给大众，使万维网走出欧洲粒子物理实验室，成为人类共同的财产。试想一下，如果他每一个网页收取哪怕一分钱的版税，他早就是世界上最有钱的人了。然而，这不符合他的价值观。早期的互联网就是这样充满理想主义色彩。

最能代表网民特点的，是一种叫作网吧的东西。

今天，移动互联网使得上网的成本大幅下降，网吧也不再是网民的首选。尽管如此，直到 2019 年全国仍然有 14 万个网吧，分布在各个城市的大街小巷中。而在 30 年前，网吧却是许多网民接触互联网的唯一选择。1996 年 5 月，第一家网吧出现在开风气之先的上海，随后网吧就如同雨后春笋般野蛮生长。人们发现在网吧可以做两件事：玩游戏和聊天。

在很多年以前，玩游戏实在是一件不能登大雅之堂的事情。最初的玩游戏者，除了大量逃课的学生外，就是社会上的无业青年或者打工者。这些人通宵达旦，最初打单机游戏。后来，越来越多的网络游戏兴盛了起来。在不经意间游戏成为很多互联网人的聚宝盆：盛大的陈天桥、网易的丁磊、巨人的史玉柱……

2016 年，中国的游戏市场规模首次超越美国，达到 1789 亿人民币，成为全球最大的游戏市场。腾讯是最大的赢家之一。就连发誓永远不做游戏的马云老师，其阿里大文娱也成立了游戏事业群。

这也可以形成一个市场？没想到吧。

怎样从边缘到核心

在网吧里，人们喜欢做的另一件事情是聊天。

再有想象力的人，也很难想象世界上会存在一个市场叫作免费聊天市场。不过，谁想得到呢？腾讯就是从这里起步的。

腾讯开始于一个小小的工具，QICQ（即现在的 QQ）。我们说过，互联网精神是开放和分享。所以那时在互联网上为网民开发免费工具的好心人很多，即时聊天工具就是其中的一种。1988 年，一款叫 IRC（Internet Relay Chat 的缩写，中文一般称为互联网中继聊天）的产品成为互联网早期人们喜爱的即时通信工具。1996 年，三个以色列人合作开发了一款新软件 ICQ（I seek you 的缩写，一款即时通信软件），立即引爆了互联网。

在腾讯开发和推广 QQ 的时候，微软已经有了自己的即时通信工具 MSN Messenger（以下简称 MSN）。在中国市场，MSN 一直是广受欢迎的产品。在整个微软的产品体系中，Messenger 是重要的一个环节，它在微软打造的办公生态体系（Windows 操作系统、Office 办公软件、Internet Explorer 网页浏览器和 MSN 资讯和生活）中，补上了即时通信这个环节。其用户体验非常好，也积累了大量忠实用户。内部人士告诉我们，在微软停止了在中国的 MSN 服务之后很久，仍然有几百万用户在坚持使用它。

为什么战略思路清晰、产品优秀、用户忠诚度高的 MSN 最终难免消失的命运，而"草根"出身的 QQ 能够成为最终的赢家？

也许一个小小的细节可以看出一些端倪。

和许多其他即时通信软件以及 MSN 相比，QQ 被认为可以更快地传更大的文件。有一种说法认为这种差异来源于不同的网络协议。他们说 MSN 用的是 TCP（Transmission Control Protocol 的缩写，指传输控制协议）的网络协议，而 QQ 在成长阶段用的是 UDP（User Datagram Protocol 的缩写，指用户数据报协议）协议。有什么区别呢？

简单地说，作为互联网的标准配置，TCP 强调的是信息接收的可靠性。这是因为互联网的早期研究起源于军事需求，因此信息的可达性成为设计的核心，为此甚至可以牺牲效率。所以，在技术上 TCP 协议要求通信双方有三次握手，确认信息的到达。同时这个协议还有防止网络堵塞的机制，目的是确保网络资源的合理使用。

而 UDP 则是一种不可靠传输。它不需要握手确认，而且会尽可能占用带宽，目标就是尽快把信息传输出去，但不保证每次到达。因此它效率高，速度快。当然最终还是要在应用层处理网络状态的探测，以及乱序、重组等问题。但比起 TCP 来说要做的确认工作少了好多。

打个不恰当的比方，TCP 的协议就像在公路上开车，有限速，有红绿灯，目的是一定要车开到目的地。UDP 则像是在野地里开越野，有路就蹚，能开多快就多快，如果有幸能开到目的地，那么估计会先到。

这里我们姑且承认这种说法的技术可靠性，对我们来说，有趣的是 MSN 和 QQ 为什么会做不同的选择。我们也许可以从这两个应用的核心用户看出深层原因。

MSN 的主流用户是使用微软办公环境的白领，也是外企最容易看到的核心用户群。在办公室环境中，网络状态稳定，带宽充裕，而且并发的机会小，因此对传送文件的物理要求并不苛刻。更何况传送大文件可以有很多种方式，MSN 不是唯一的选项。

而 QQ 的主流用户则不同。那时，中国的网络基础设施还不好，网络差到一定程度，TCP 的反复确认反而成了累赘。QQ 同时有很多人在线，效率成了第一位的。更何况对生活在网吧的人群来说，在聊天中传送照片或视频这种大文件，只有用 QQ 这一个选择。为这些人不遗余力地优化体验是腾讯必须要做的。事实上，腾讯也没有其他的选择。

腾讯和微软的区别，就是所服务的核心用户的区别。

核心用户决定了产品的核心功能，对他们的界定体现了企业的选择，而这种选择差异则是信息和认知不对称的结果。

这种认知差异导致了截然不同的结果。腾讯公司是 1998 年 11 月成立的。2000 年 6 月，QQ 注册用户已经突破千万，到 2001 年 2 月，这一数字已增长至 5000 万，到 2002 年 3 月，直接突破 1 亿大关。其后的两年内,QQ注册用户数再创高峰,到2004年4月突破了3亿关口。

这种现象一直在发生,而且不限国家,成为一种规律。从快手在中国市场的崛起,到传音在非洲市场的风靡。我们看到互联网的小人物成为大佬,因为小人物能看到大人物看不到的东西。

第 6 章

如何成为一个技术公司

▶

　　对今天的企业来说，被视为技术公司是一件很体面的事情。这显示了高门槛，同时也意味着在资本市场上可以享受更高的估值。那么去做一个技术公司，组个团队，最好开发个人脸识别或者区块链的应用，我们是不是就可以算是跳跃了？

　　事情不是这样简单。

　　每一家企业在任何一个时间点都在使用某种技术。这些技术或帮助企业更好地服务用户，或提升企业内部的运营能力。因此从广义上说，所有企业都是使用技术的公司。

　　但是，只有少数企业会被市场看作"技术公司"。因为它们是一批以技术为主要手段，抓住非连续性带来的新资源和机会，从而改变和主导市场格局的企业。它们被高估，不是因为它们使用了某种技术，而是因为它们运用技术改变了社会，从而被看作代表了未来的方向。

　　所以技术的话题，离不开经济和社会的变迁。从根本上说，技术的生长动力源于人们解决问题的需要。因此，技术改造社会的同时，也在被社会改造。这是一种长期的博弈和相互迭代。

　　企业是技术和社会的纽带。企业跳跃成功的标志，是社会是否能够变得更好。从这个意义上说，数字转型不是针对企业内部的，而是针对整个社会的。

关于"技术公司"的迷思

每年一度在拉斯维加斯举办的 CES（国际消费类电子产品展览会），是科技行业的盛会。这个开始于 1967 年的行业盛会，多年以来吸引了摩托罗拉、索尼、微软、英特尔、谷歌、三星、百度、华为等领先的技术厂商，是科技迷的盛宴。

2019 年，展会迎来了一位新客人。这是一家有着 182 年历史的消费品公司，它生产牙刷、纸巾、洗衣粉、护肤品等我们每天都会使用的日用品。尽管我们总是看到它，不管是在商场的货架上，还是在电视广告中，但从来没有把高科技跟它联系在一起。这家公司叫宝洁。

这次它带来了 6 个高科技产品概念，利用物联网、传感器和人工

智能等最新技术，希望能创造更好的消费者体验。比如，它的SK-II
Future X（SK-II未来体验店）智能快闪店，使用面部和动作识别技术，
创造与用户新的互动体验（见图32）；玉兰油品牌的皮肤顾问平台，
会利用人工智能对照片进行分析，并提出建议；Oral-B（欧乐B，一
个牙刷与其他牙齿护理产品品牌）的新款智能牙刷会用人工智能分析
刷牙习惯，并提供实时反馈和调节；新的吉列加热剃须刀，模仿热毛
巾的效果，可以在一秒之内加热，让剃须更快乐；Opte（精准护肤系统）
化妆仪，使用最新的照相技术和算法扫描皮肤，确定色差，并输出合
适的美容液，堪称最强的脸部打印机；AIRIA则是一款可用App和
语音控制的香薰机。这一切，可都是妥妥的高科技啊。

▲图 32：宝洁带来的智能快闪店概念

　　一年之后的 2020 年，宝洁又回到 CES，带来更多用机器人、
传感器和 AR（一种实时地计算摄影机影像的位置及角度并加上相
应图像的技术，是一种将真实世界信息和虚拟世界信息"无缝"集
成的新技术，这种技术的目标是在屏幕上把虚拟世界套在现实世界

并进行互动）技术驱动的新产品概念。对宝洁来说，与消费者保持密切的联系是其成功不可或缺的核心因素，因此这些技术必不可少。事实上，近200年来，宝洁一直在做这件事。

宝洁把技术看作业务的组成部分，另一些公司则把它看作是品牌标签，比如WeWork。这家共享办公的始创者试图改变传统办公的形态，并做出了非常值得赞赏的努力。然而，尽管它在IPO的文件中123次提到"技术"这个词，人们始终无法把它看作一家技术公司。2019年8月，当这家公司被估值460亿美元时，纽约大学资深的市场学教授斯科特·盖罗威（Scott Galloway）忍无可忍，任何给这家公司超过100亿美元估值的华尔街分析师，不是在说谎，就是太愚蠢，要不就是两者兼得。当时的华裔总统参选人杨安泽也看不下去了，他说：我同意盖罗威教授的意见，WeWork的估值简直可笑。如果它也算技术公司，那UPS快递公司（联合包裹速递服务公司，是世界上最大的快递承运商与包裹递送公司，同时也是运输、物流、资本与电子商务服务的行业领导者）也应该算。问题是UPS快递公司的估值只有1.4倍收入，而它是26倍。

讲真，人家UPS快递公司的确使用了很多（或者说更多）高科技。整个快递行业都是如此。比如在配送环节使用机器人。近年来，美国的UPS快递公司、联邦快递、亚马逊，中国的顺丰、苏宁、京东、菜鸟、德邦等企业都在尝试用机器人做最后一公里的配送。据研究报告显示，交付机器人正在以每年19%的速度增长，到2024年将会是一个340亿美元的市场。

在2019年10月举办的中国(深圳)国际物流与供应链博览会上，

顺丰展示了自己的配送机器人（见图33）。这是一个可以自动驾驶、自主避障、自动充电、自动呼叫电梯、全楼宇覆盖的神器。未来可以想象，去你家敲门的快递小哥可能就是这位老兄了。

▲图33：顺丰的配送机器人

技术无处不在。

按照斯坦福大学经济学家布莱恩·阿瑟（Brian Arthur）在《技术的本质》（*The Nature of Technology*）一书中的看法，**技术是人类对自然现象的捕捉，它来自人类解决问题的基本需求**。只要存在问题，人类就会试图找到解决方法。使用更新更好的方法来解决问题，是人类的本能。

因此我们看到，任何企业都会使用技术。有些时候是为了更好地吸引和服务客户，有些时候则是为了改善运营、提高效率、降低成本。我们甚至可以说，任何企业都是技术的使用者，只不过有些技术新、有些技术旧而已。

新规则的制定者

既然如此，为什么还有人用"技术公司"这个说法？为什么这个称谓常常被指代一批特定的公司？

让我们看看。中国最有价值的高科技公司，是早前的BAT（百度、阿里、腾讯），后来的TMD（头条、美团、滴滴），以及华为、京东、小米等。在美国，资本市场追捧的公司是"FAANG"，指五个最有代表性的高科技公司：Facebook、苹果（Apple）、亚马逊（Amazon）、奈飞（Netflix）和谷歌（Google）。

Facebook，全球最大的社交媒体公司，创立于2004年，旗下还拥有Instagram（一款运行在移动端上的社交应用，以一种快速、美妙和有趣的方式将你随时抓拍下的图片与彼此分享）、WhatsApp（一款用于智能手机之间通信的应用程序）和 Messenger（即 Facebook Messenger，是 Facebook 的桌面窗口聊天客户端）等社交平台，在全球拥有 27 亿用户。

苹果公司，创立于 1976 年，全球最大的高科技公司，在乔布斯 1997 年回归以后，构建了以苹果手机和平板电脑为核心的生态系统。苹果公司也是第一个达到万亿美元市值的公司。其 2018 年收入达到 2656 亿美元。

亚马逊，成立于 1995 年，全球最大的电商公司和云计算公司，其口号是做"万物商店"，即用互联网提供地球上所有的产品和服务。2018 年收入 2329 亿美元。

奈飞，成立于 1997 年，全球最大的流媒体公司（中国以外），为全球 1 亿多注册用户提供包括电影和剧集在内的线上娱乐服务。

谷歌，成立于 1998 年，全球最大的搜索引擎公司，也是世界上最大的广告平台。2018 年其广告收入达到 1163 亿美元，超过美国外所有国家的广告总支出额。其旗下的流媒体平台 YouTube（世界上最大的视频网站）有 18 亿月活跃用户。

最先把这几家公司放在一起的是 CNBC（美国全国广播公司环球集团持有的全球性财经有线电视卫星新闻台，是全球财经媒体中的佼佼者）的著名股评节目主持人吉姆·克拉默（Jim Cramer），那个时候他还没有把苹果公司放进去，所以叫"FANG"（Facebook、亚马逊、奈飞、谷歌）。他在 2013 年告诫听众说："要把钱放到代表未来的公司里去。"在 2017 年他又加入了苹果公司。事实证明，他是对的。从下面的图表就可以看出来，从 2013 年到 2019 年，FANG 的回报远远高于美国股市的平均回报（见图 34）。

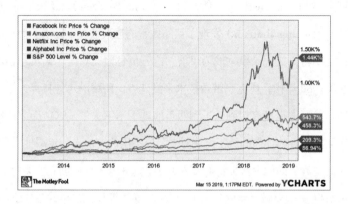

▲ 图 34：FANG（Facebook、亚马逊、奈飞、谷歌）与标普 500 的比较。图片来自 The Motley Fool

这些公司被称为"技术公司"，并且被给予极高的估值，除了因为它们以技术为手段，抓住非连续性带来的机会，改变了我们的社会形态之外，更重要的是，**人们认为这些企业代表了未来。**

未来是怎样被技术塑造的？它来自三个方面的力量：**技术野蛮生长、企业利用技术解决重大问题、社会做出积极回应。在这里，企业是连接技术和社会的纽带。**

野蛮生长的数字技术

没有人能预测未来，特别是在技术领域。

技术的发展是一个非线性的过程，充满了不确定性。因此，没有哪个企业或个人可以"驾驭"技术，人们所能做的只有不断尝试。

数字化革命发轫于一个晶体管。1947年，贝尔实验室的威廉·肖克利（William Shockley）、约翰·巴丁（John Bardeen）以及沃尔特·布拉顿（Walter Brattain）发现了锗晶体管的放大效应，一下子使得用数字比特方式记录事物成为可能。这三位也因此获得了诺贝尔物理学奖。50年代，肖克利带着技术来到硅谷，踌躇满志地打算大干一场。然而谁也没有想到，不到两年他就干不下去了。这位天才的傲慢和狭隘心胸让他的员工无法忍受。最杰出的一伙人决定跟他决裂，这就是著名的仙童八叛将（见图35）。这8个人日后创立了英特尔、AMD（美国超威半导体公司）、国家半导体等一批最早的芯片公司，以及凯鹏华盈和红杉等一批最早的风险投资机构。肖克利一直拒绝尝试的集成电路也成为芯片行业的主流。

▲图35：著名的仙童八叛将

146

硅谷的诞生是这样一场叛逆的结果。

顺便说一下，正是这批人创造了数字时代最最重要的行业规律：摩尔定律。这个定律由仙童八叛将中的戈登·摩尔（Gordon Moore）提出，是指集成电路的性能，每18到24个月会增加一倍。这个定律是数字革命背后的最主要推手。它看似不急不忙，但有着惊人的力量，因为芯片性能（也就是人类处理数字信息的能力）定期翻一倍，经年累月之后就是指数级的增长，最终让我们今天有这么多新的技术得以井喷。

在半导体技术的发展中，从来就没有一条笔直的大路，要不英特尔的传奇大佬安迪·葛洛夫（Andy Grove）怎么会说：只有偏执者才能生存。可事实上，英特尔差点因为偏执关门。早期的英特尔是一家不折不扣的存储芯片公司，其90%的业务来自一种叫DRAM（动态随机存取存储器）的存储芯片，在1974年其市场占有率达到82.9%。

没想到，日本的DRAM在80年代异军突起，几乎打垮了美国的半导体行业。到了1984年，英特尔的份额只剩下1.3%。在这生死存亡的时候，英特尔的高层们，特别是CEO摩尔——就是摩尔定律的发明人，仍然不愿放弃对存储芯片的执念。是中层经理们发动了一个小小的政变，通过逐步调整生产计划，将产能更多地用于高附加值的微处理器，才迫使高层改变战略。今天，没有人不知道英特尔的微处理器，但很少有人知道它差点就出不来。

同样的反叛和转折也发生在电脑时代。当风度翩翩的乔布斯让盖茨帮他写程序的时候，谁也没想到微软随后就推出了自己的操作系统，并且跟英特尔一起定义了"Wintel"（即 Windows–Intel 架构）模式，完全统治了电脑时代。微软的开放平台和生态体系战略，完胜苹果公司的封闭体系。尽管人们总被能言善辩的乔布斯吸引，但不可否认的是微软赢得了技术路线和商业上的胜利。

这里没有任何对摩尔和乔布斯不敬的意思，他们都是传奇性的高科技领袖。但即使是他们，也不是总能看清科技的走向。

技术的发展从来不以人的好恶为转移。正像阿瑟在《技术的本质》一书中说的，技术从解决一类问题，转化为解决另一类问题。随着人类问题的复杂度增加而逐步复杂，并开始形成自己的"域"和递归体系，仿佛技术有自己独立的发展逻辑一般。阿瑟甚至称之为"自创生"。换句话说，技术逐渐脱离了社会最初定义的问题范围，仿佛一个生命一样，找到了自己成长的道路。

互联网的发展路径同样充满偶然，许多看似无关的事情最终造就了一个产业。

1968 年，ARPA（美国高级研究计划署）决定构建一个分布式网络阿帕网，以便连接诸多研究机构的电脑，让科学家可以分享人工智能、电脑图形、网络通信、超级计算机方面的成果。虽然隶属于国防部，但这个机构更像一个计算机科学成果的孵化器。我们今天见到的好多技术都是从这里出来的。

1973 年，出于军事研究的需要，参与阿帕网的两位科学家文顿·瑟夫（Vint Cerf）和鲍勃·康（Bob Kahn）要把阿帕网跟一个卫星网络以及一个分组无线网络连接起来。他们为此开发了一套新的网络协议，这就是基于分组交换网络技术的 TCP/IP 协议。它是今天互联网的基础。瑟夫和康（见图36）获得了图灵奖，他们也被称为"互联网之父"。

▲ 图 36：瑟夫和康，没有他们就没有我们现在的互联网

从 60 年代到 80 年代，构成互联网的各项技术从不同的地方不断地冒出来，虽然当时人们未必清楚这些技术的最终用途。

1968 年，道格·恩格尔巴特（Douglas Engelbart）发明了超文本链接（他还发明了鼠标）；1971 年，雷·汤姆林森（Ray Tomlinson）发明了电子邮件；1983 年，阿帕网采用了 TCP/IP 协议，技术意义上的互联网已经诞生了；1984 年，Cisco（思科，全球领先的网络解决方案供应商）制造出了路由器；1990 年，万维网之父、图灵奖获得者蒂姆·李第一次完成了在互联网上用超文本协议实现服务器和客户端的通信。这时距离超文本链接的发明已经过去了22 年。

互联网的发展也有政治家的功劳。一位年轻的美国众议员，后来的参议员和副总统艾伯特·戈尔（Albert Arnold Gore Jr.）很早就注意到了网络技术的潜力。他从 70 年代开始就致力于推动高速通信技术。1986 年，他推出了超级计算机网络研究法案；1991 年，他推出了著名的"戈尔法案"，拨款 6 亿美元给研究机构和高校；1992 年，他又提出信息高速公路的理念。他的工作有一个副产品，就是"戈尔法案"资助了伊利诺伊大学的国家超级计算应用中心。在那里，参与研究的学生马克·安德森（Marc Andresssen）看到了蒂姆·李的万维网雏形，做了一个叫 Mosaic（马赛克）的浏览器，集齐了最后一颗"龙珠"。1994 年，吉姆·克拉克（Jim Clark）找到安德森成立了网景公司，并在第二年上市。商业意义上的互联网就此诞生。

就是这最后一哆嗦，也不是那么顺溜。这两位最初见面聊的是做一个任天堂的在线游戏，还做了一个 20 页的雏形。好险，他们差点就错过了互联网。

技术从来就是这样猝不及防，它让人们难以按部就班地对其"规划"，但是，它也给了那些反应迅速的跳跃者最好的机会。

企业要解决最难的问题

2007 年，财富杂志做了一期专访，名字叫作 PayPal Mafia（PayPal 黑帮）（见图 37）。

▲ 图 37：PayPal Mafia（PayPal 黑帮）

　　文章描述了因为 PayPal 公司而结缘的一批人。他们互相帮助，交叉投资，经他们的手创立和投资的公司占据了硅谷的半壁江山。

　　PayPal 是一个数字化的网络支付平台，成立于 1998 年，目前市值 1200 多亿美元。可以把它看作是支付宝，只不过早了很多年。在互联网发展的早期，人们在网上交易的时候并没有很好的付款和收款手段，银行汇款和寄支票都很麻烦。因此，当用户可以用邮箱注册，并用信用卡在网上转账时，网上的交易就变得容易多了。

　　PayPal 的用户很多是电商，特别是网上拍卖平台 eBay 的用户。不论是卖家还是买家，都可以通过 PayPal 加快交易过程。没过多久，电商巨头 eBay 就发现其 70% 的卖家和买家都在使用 PayPal。2006 年，eBay 以 15 亿美元买下了 PayPal。

　　这次收购让一批 PayPal 员工获得了财务自由，也成就了一个"黑帮"。

他们中有麦克斯·拉夫琴（Max Levchin），他创建了社交游戏公司 SLIDE（滑动）并卖给了谷歌；投资了美国最大的点评网站 Yelp（耶普）、社交网站 Pinterest（品趣志），以及金融科技独角兽 Strip（全球最具价值的、由风投支持的金融科技公司之一）和 Square（美国一家移动支付公司）。

彼得·蒂尔（Peter Thiel），他成立了大数据独角兽公司 Palantir（一家培养初创公司的初创公司），是 Facebook 第一个外部投资人，做了基金，投资了一堆 PayPal 前同事，包括马斯克创立的公司。另外，他还写了一本畅销书。

埃隆·马斯克，不用说了，他天天上头条，不是因为电动车企业特斯拉，就是因为空间探索公司 SpaceX，有时候也有人关注他的太阳能公司 SolarCity（一家专门发展家用光伏发电项目的公司）。

PayPal Mafia 的猛人远远不止这几位。

雷德·霍夫曼（Reid Hoffman），PayPal 前高级副总裁，他不仅创立了 LinkedIn（领英），还投资了一堆公司，包括 Facebook 和游戏公司 Zygna（一个社交游戏公司）。

陈士骏（Steve Chen）、乍得·贺利（Chad Hurley）和贾德·卡林姆（Jawed Karim），PayPal 前员工，做出了 YouTube（油管）。

杰里米·斯托查尔曼（Jeremy Stoppelman）和拉斯·西蒙斯（Russ Simmons），PayPal 前员工，做了 Yelp，他们第一笔投资就来自拉夫琴。

大卫·萨克斯（David Sacks），PayPal 前 COO，创立了企业内部社交软件 Yammer（一个企业社会化网络服务平台），后来卖给了微软。他做了好莱坞的制片人，还是 Uber 的天使投资人。

这个名单可以一直写下去。据蒂尔说，PayPal Mafia 有 220 人之多。

这帮人究竟掌握了什么秘密，能够让他们点石成金，横行硅谷？

蒂尔等后来写了一本《从 0 到 1》（*Zero to One*）。在书中他提到一个观点，创新创造垄断，而垄断才是企业应该追求的目标。

当一个人成功的时候，说什么都是对的。可是当 PayPal 公司刚成立的时候，没有人知道怎样垄断，大家想的都是生存。公司刚成立的时候，他们想做手机加密，后来又想为 Palm Pilot（当时最风靡的移动设备）做支付软件，这两件事都没有成功。屡败屡战的他们尝试了至少 5 个方向（拉夫琴说是 6 个），直到他们帮 eBay 上的用户提供网络支付服务，才终于走上了正路。拉夫琴后来说，人人都说失败是好事，但真相是失败一点都不好。PayPal Mafia 经历过太多至暗时刻，很多时候几乎都坚持不下去了。

他们遇到的是企业乃至行业生死存亡的大问题。

比如，在他们业务的早期，网络欺诈特别是用机器进行欺诈的行为非常猖獗。互联网为犯罪分子提供了隐藏身份的屏障，而因为欺诈造成的退单拒付，让 PayPal 承受巨大的损失。在 2000 年初，欺诈率一度高达 1.25%，每过 1 个小时，他们就损失 2300 美元。

如果找不到解决方法，PayPal 可能就要关门了。网络支付这个新兴产业可能也就不存在了。幸运的是，天才的拉夫琴和工程师高斯贝克想到了区别人和机器的方法。他们发明了麦克斯 - 高斯贝克测试，也就是今天的验证码。这个技术创新让 PayPal 一下子成为最安全的支付工具，也让网络支付成为互联网生态不可或缺的一部分。

我们今天能够顺畅地进行网络和移动支付，都要感谢这个技术突破。

因为需要解决欺诈问题，PayPal 是最早运用大数据技术分析用户的企业。不但如此，通过数据，他们还发明了很多吸引、留存和发展新客户的方法，这成为一整套互联网增长理论：黑客增长。其核心的 AARRR 原理：用户获取、激活、留存、收入和传播，成为互联网平台成长的标准模式。许多知名的互联网企业，如 DropBox（一家专门做云存储服务的公司）、Airbnb（爱彼迎，一个旅行房屋租赁社区，可以为用户提供多样的住宿信息的服务型网站）、Spotify（声田，全球最大的正版流媒体音乐服务平台之一），以及 LinkedIn（全球最大的职业社交网站），都是这套理论的推崇者。

通过技术，PayPal 解决了一系列行业发展最核心的问题，这让他们有机会推动社会向新的形态发展。

社会做出的最初选择

1996 年，麻省理工学院教授、媒体实验室主任尼古拉斯·尼葛洛庞帝（Nicholas Negroponte）出版了划时代的《数字化生存》（Being Digital）一书。20 年前，互联网技术和社会大众刚刚产生接触的时候，尼葛洛庞帝就已经看到了一个未来的比特世界，并描绘出人们在这个新世界里面对的新事物。看看目录里面的一些条目："媒体世界改头换面""计算机即电视""虚拟现实""跟踪眼球的运动""让计算机'听话'""向广告说再见""没有执照的电视台""既在家中，又在外面""从游戏中学习""把计算机穿戴在身上""由机器教你使用机器""聪明的汽车""电子艺术"。

这些预言之精准令人惊叹。同时，我们也可以看到新世界给我们带来怎样的改变。

与技术的不可捉摸相似，社会的改变也不一定符合最初的想象。

1993年，乔治·吉尔德（George Gilder）提出一个预言：**一个网络的价值是其节点数的平方**。这就是著名的梅特卡夫定律。这个定律告诉我们，网络越大，节点数越多，这个网络的价值就越高。吉尔德还预言了未来上网是一件人人都可以做到的事。他的梅特卡夫定律说，在未来25年，主干网的带宽每6个月增长1倍，12个月增长2倍。这意味着带宽会越来越便宜，最终上网会免费。

但是，同样价值的网络，其形成的模式却可以很不一样。

比如，科学家和早期的网民把去中心化看作互联网的精神实质。本来TCP/IP协议就是脱胎于战场实战应用的一种网络模式，它强调任何节点之间都保证可靠连接。因此，在物理架构上，每一个节点都是平等的。这个理念也塑造了早期互联网的开放、互助、共享的文化。事实上，早期互联网的发展也多亏了人们不计回报的参与和创造。从开源软件到众包众筹，这个理想以不同的形式反复出现。后来的区块链，就是试图用去中心化的方式解决信任问题。

然而，网络还有另外一种需求，就是当连接造成海量信息的时候，人们需要一些中介来帮助过滤和处理。这就为中心化创造了条件。中心化网络的价值，在网络效应的加持下更加清晰可见。

什么是网络效应？就是越多的人使用它，就会有更多的人使用它。网络如同可以自我生长的生物，通过正反馈不断扩大外延，如果没有外力干预，会不断发展直到占满整个空间。**这个规律让网络形成的效率大幅度提升。**

而网络效应一旦形成，参与者就没有了选择。举例来说，很多电商平台，一旦在平台上的商家和用户数达到一定的阈值，还没有加入的商家就不得不加入，因为用户已经被迁移到了网上。那些不愿意加入或者加入不了的商家就会成为牺牲者。这种力量之大是难以想象的。我们今天谈到的**互联网对传统行业的颠覆，很大程度上源于此。**

PayPal 是一个典型的网络效应型的公司。买家用 PayPal 汇款，卖家也需要用 PayPal 收款。越多的买家就会吸引更多的卖家，同样，越多的卖家也会吸引更多的买家。收购 PayPal 的 eBay，也是典型的网络效应受益者。1995 年，皮埃尔·奥米迪亚（Pierre Omidyar）在自己的个人网站上卖出了一个已经坏了的打字机，从此开始打造网上拍卖平台。这个平台被大家发现以后，越来越多的卖家吸引了越来越多的买家，从而吸引更多的卖家。两年后 eBay 就完成了 100 万单交易。1998 年公司完成上市，成为当时最大的电商企业。

如果我们看看 Paypal Mafia 日后创建、投资和运营的公司：Facebook、领英、耶普、油管和优步。我们再看看互联网行业的其他巨头们：亚马逊、滴滴、美团、淘宝、抖音，这个名单可以一直写下去，每一家都是网络效应的受益者。

正如阿瑟在《技术的本质》中说的，"经济就是技术的一种表达"。技术与经济（或者社会）的关系，正如马克思说的生产工具和上层建筑之间的关系。生产工具变化了，上层建筑也一定会变化。

"经济不仅会随着技术的变化而重新适应，它还随着技术的变化而继续构成和重构，它还意味着经济的特征（形式和结构）也将随着它的技术的变化而变化。"

互联网技术、企业的创新以及网络效应，构成了一个中心化的互联网社会。

然而，这就是未来吗？

我们站在十字路口

我们社会资源的组合方式，是无数利益相关方经过长期磨合形成的动态平衡。而当技术大幅度改变社会资源及其组合方式的时候，这种平衡就被打破了。

2019 年，腾讯的马化腾在朋友圈宣布："科技向善"将成为腾讯未来的愿景和使命。腾讯认识到，互联网经过 30 年的狂飙突进，现在正处于善与恶的十字路口。从 2017 年底开始，腾讯就在公司创始人之一张志东的领导下，为腾讯产品和服务带来的社会问题寻找解决方案。马化腾说："腾讯发展到今天的规模，必须要承担与之匹配的社会责任。""科技是一种能力，向善是一种选择，我们选择科技向善，不仅意味着要坚定不移地提升我们的科技能力，为用户提供更好的产品和服务，持续提升人们的生产效率和生活品质，还要有所不为、有所必为。"

有这么严重吗？是的。

2017年9月，亚马逊公布了建立第二总部的计划。消息一出来，全美就有238个城市参与竞标。亚马逊俨然以甲方自居，制定了投标的种种要求。作为乙方的各地政府则非常努力去满足亚马逊在标书里的要求："要思路开阔和有创造性"。亚利桑那图森市寄去了21英尺高的树形仙人掌、乔治亚州的石峰市说要把市名改成亚马逊、新泽西和马里兰则送出了70亿美元和85亿美元的大礼包。

2018年11月，亚马逊宣布纽约长岛和弗吉尼亚阿灵顿的水晶城成为最终的赢家，会有两个第二总部分别坐落在这两个城市里，亚马逊将为每一个城市带来25000个工作岗位。与此同时，亚马逊会收到大约40亿美元的税收优惠。对美国的市长们而言，就业是他们第一重要的议题，而亚马逊是那个会下金蛋的母鸡。

然而，老百姓未必这么看。纽约的方案一经宣布，立即引起各界的激烈抗议。在民众强烈的反对声中，2019年2月，亚马逊宣布撤回纽约的第二总部计划。

为什么突然之间亚马逊这样的高科技公司那么不受欢迎了？

贝佐斯想过这个问题，他在给团队的备忘录里写道："一些大公司发展出了热忱的粉丝，受到客户的热爱，甚至被认为很酷。出于不同的原因，基于不同的方式，以及在不同的程度上，这些公司，如**苹果、耐克、迪士尼、谷歌、全食（Whole Foods）、Costco，甚至联合包裹UPS**都是广受人们欢迎的公司。"在反面教材里，他写下了**"沃尔玛、微软、高盛、埃克森美孚"**这些名字，因为它们给人们带来的是恐惧。

为什么高科技公司不再带来对未来的想象，而是带来恐惧？

因为垄断。平台本来是网络社会的中介，但网络效应给它们带来了前所未有的权力，也带来社会对其的**严重不信任**。亚马逊并不是唯一被指责的高科技企业，共享出行的巨头 Uber 长期以来在安全问题上广受批评。在中国，滴滴因为严重的安全问题，在 2018 年8 月在全国范围内下线了顺风车业务，直到最近才开始部分恢复。更早时候，百度因为莆田系的虚假广告，受到舆论的强烈指责。而过去的淘宝、现在的拼多多，关于假货的争议从来没有停息过。

特里斯坦·哈里斯（Tristan Harris）曾在谷歌专门研究如何用技术影响用户。他指出，平台已经发展出了一套吸引人们注意力，并影响和控制人们思想和情绪的技术，目的是让人们花大量的时间在平台上，即使这样的投入对用户不带来任何价值。我们其实都有这样的体会，一开始刷抖音就停不下来，5 分钟不看微信就觉得错过了什么。哈里斯说，我们或者在这个网络里，永远无法控制自己的时间；或者不在这个网络里，却总担心错过重要的事情。一项加州大学尔湾分校做的研究表明，每一次你在工作中被信息打扰，你要花23分钟才可能回到你原来做的工作上。而这种行为会变成习惯，最终我们失去了持续关注一件事物的能力。

比浪费时间更可怕的是，平台懂得如何用极端的观点吸引我们。不管同意还是不同意，我们会对极端观点产生情绪反应，并因此提升关注度。中心化网络有能力影响数以十亿计的人们，改变我们与他人之间的关系，并受到有意识的思想和情绪影响。

我们是怎样走到这一步的？

阿瑟在《技术的本质》中这样说："每一次以新技术作为解决方式都创造出新的挑战、新的问题，这是一个通则……在经济中，解决导致问题，问题趋向进一步的解决，这个在解决和问题之间的舞蹈在未来任何时候都很难被改变。"

我们看到了历史的轮回。技术和社会的每一次正面交锋，都会产生剧烈的化学反应。上一次人们感受到这种阵痛还是在工业革命时代。

19世纪后期，一批野心勃勃的企业家登上历史舞台。这群人包括石油大王约翰·洛克菲勒（John Davison Rockefeller）、钢铁大王安德鲁·卡内基（Andrew Carnegie）、航运和铁路大王科尼利尔斯·范德比尔特（Cornelius Vanderbilt）、铁路和矿业大亨利兰·斯坦福（Amasa Leland Stanford）、金融家约翰·摩根（John Pierpont Morgan）等。他们被人们称作"强盗贵族"（Robber Baron）。人们之所以这样看待他们，是因为一方面他们拥有卓越的企业家精神，通过使用当时最新的技术（石油、钢铁、驳船、铁路、开矿都是那个时代的高科技），积累了富可敌国的财富，并成为慷慨的慈善家，有些人还建立了著名的大学。另一方面，他们残酷地压榨工人，用血腥暴力镇压反抗，在竞争中不择手段，肆意践踏民众权利，收买政客以公济私，他们的垄断权力严重地冲击了社会和商业伦理。

有趣的是，他们也是那个时代的跳跃者，而且同样是利用了技术带来的断层和一种叫作"自然垄断"的经济规律。在有着稀缺的自然资源（如石油）或存在规模经济效应（如钢铁）的产业中，垄断企业效率更高、社会成本更低，因此带有商业上的合理性。

那么，技术带来的垄断权力就可以无法无天吗？并不是。"强盗贵族"催生了风起云涌的工人运动、日益严厉的媒体监督以及政府反垄断法《谢尔曼法》的出台，使工业革命最终还是成了工业文明。

我们可以从历史中看到未来。

超越数字化转型

技术还在野蛮生长。眼前的一切，电脑、互联网、手机，不会是永远的存在。在数字领域，不管是互联网还是人工智能，我们都处在一个非常初级的水平上。随着 5G 和量子计算时代的到来，许多今天想象不到的场景会出现。在数字领域之外，还有无限个自然现象没有被人类捕捉。在能源领域，上一次技术革命来自我们对化石能源的掌握，可是我们还没有学会如何有效利用来自太阳的能量。在生物领域，我们对人体的了解还远远不够，一次新冠肺炎就把我们打回原形。

而社会呢？阿瑟在书中说："技术正在变得更具结构性和生物性，经济是否以某种方式反映了这个现象呢？"答案是肯定的。"经济正在变得具有繁衍能力。**它关注的焦点从优化固定操作转变为创造新组合以及新的可配置的产品了。**"

那么，作为技术和社会之间纽带的企业呢？

在过去的 10 年中，"数字化转型"成为社会热词。随着对数字时代特别是互联网的认知越来越深入，企业逐步开始了用数字化技术改造自身的进程。开始是 IT 部门的新规划，然后是业务部门对数据的渴求，再后来企业开始使用社会化的数字资源，从社交媒体到云计算。这个进程还在持续。

然而，"数字化转型"这个词有一个天然的倾向，那就是话题往往集中在如何帮助企业获得数字技术能力，以适应外部的数字化环境。这是一种对内的视角。事实上，在服务客户、提升运营，以及建立新业务模式方面，前两项得到的关注通常会更大。

2018 年，微软的 CEO 萨蒂亚·纳德拉（Satya Nadella）又提出了"科技强度"这个概念。他认为头部企业已经超越了基础技术，而采用更尖端的科技进行创新，并开放独特的新型解决方案，从而赋予自身新的竞争优势。

《福布斯》是这样解释的："纳德拉将科技强度描述为文化思维方式和业务流程的融合，促进了数字化能力的发展和传播，这些能力创造了端到端的数字化反馈回路，消除了数据孤岛并释放信息流以激发洞见和预测，并将工作流程和智能服务全面自动化。"

纳德拉的说法前进了一步。"科技强度"的概念告诉企业，在技术的野蛮生长中，需要关注的不再是那些基础技术（虽然它们曾经是新技术），而且相当一部分技术已经可以外包（比如云计算），企业要抓住新的技术，就像互联网公司在 20 年前那样。

第一台蒸汽机诞生于 1712 年，是由一位叫托马斯·纽科门的人发明的。64 年之后，经过瓦特改进的新型蒸汽机才真正面世。又过了 31 年，富尔顿才把它放在轮船上，而史蒂芬孙把它装在火车上还要再等 7 年。直到 19 世纪的三四十年代，蒸汽机才被广泛使用，而这时工业革命才在全球拉开序幕。

同样，数字时代刚刚开始。如果我们再进一步，思考新的技术会怎样改变经济和社会形态，那么我们就会看到新的一代技术公司的萌芽。比起它们的前辈，**它们更知道社会对技术的新期待**。对它们来说，断层不是鸿沟，而是通向一个更加美好未来的道路。

这才是跳跃的初心。

第 7 章

想象的共同体

断层或非连续性的出现有不同的驱动力。我们在前几章中谈到了市场结构的变化、非对称的信息和认知，以及技术进步带来的非连续性。还有一种驱动力，也许没有那么疾风暴雨，但它更持久、更深入，从某种意义上说，也更有力量。这就是文化的力量，它改变的是人的思维和观念。

这里注意文化和风俗的区别。我们讲的文化，或者也有人叫亚文化，是思想的萌芽和成长，是年轻一代的话语权，是旧的共识解体、新的共识产生的过程。

文化的改变带来的是社会资源根本性的重组。企业跳跃的最高阶段是对社会文化的塑造。企业不一定要大，但一定要伟大。

文化是商业的最高境界

　　三里屯的那里花园坐落在太古里和 3.3 大厦之间。一座西班牙式建筑，配以小而精致的广场，有着口味最纯正的地中海风格餐厅、排队最长的酒吧和夜店，是潮男潮女和网红们最爱去的时尚打卡地。

　　每周二的中午，这里会聚集另一群人。来自顺义、海淀、昌平，甚至河北的农户在这里摆摊。临近中午，来这里买东西的人越来越多。有些是附近公司的白领，也有的是从其他地方过来赶集的。他们购买的产品从蔬菜、水果、土豆、红枣，到奶酪、果酱、手工制品，甚至煎饼果子。这些农产品价格并不低，但都是生态农业的产物。在生产过程中，农户不施农药，不用化肥，尽自己的努力保护土地和环境。

这是北京有机农夫市集（见图 38）。从 2010 年创立以来已经有 10 年了。10 年来，这个市集不接受资本运作，没有网红，也没有明星创始人。它在努力寻找一种方式，让普通人能够参与到食品生产环节，以对抗扭曲的市场带来的食品和健康安全问题。

▲图 38：每周二在三里屯那里花园的北京有机农夫市集。图片来自北京有机农夫市集公众号

2019 年 5 月，一家另类的高科技公司在万里之遥的纳斯达克挂牌上市。第一天其股价就大涨 163%，创了 2008 年全球金融危机以来 IPO 的最好表现。这就是比尔·盖茨、莱昂纳多·迪卡普里奥（Leonardo DiCaprio）等一众明星大腕和食品巨头 Tyson（泰森）参与投资的 Beyond Meat，一家用植物蛋白制造人造肉的公司。

公司的创始人伊森·布朗（Ethan Brown）从小是在马里兰州西部的农场长大的。他热爱一种与自然、与动物和谐相处的生活方式，为此，他成了一个素食主义者。他回忆说：我的父母曾经问我：你最想解决这个世界上的哪一个问题？我当时满脑子都是气候变化，所以我就去做了 10 年可替代能源。然而，他始终没有放下对动物的思考。用宰杀的方式获得动物蛋白是人类唯一的选择吗？我一直喜欢养在家里的动物（宠物）和养在农场的动物，那为什么我们要对它们区别对待呢？

2008 年，他找到了密苏里大学的两位教授，研究用植物蛋白制作跟真实牛肉口味一样的人造肉。他们从豌豆、绿豆、蚕豆、糙米和葵花籽中提取蛋白质，从椰子油、葵花籽油和芥花籽油中提取脂肪，添以钙、铁、盐、氯化钾等矿物质，用甜菜汁、苹果汁等上色和增加口味，并加入土豆淀粉和甲基纤维素形成有嚼劲的口感。这样制作出来的牛肉汉堡，不但口味上跟真实牛肉近似，更重要的是其制作过程中减少了 90% 的温室气体排放、99% 的水资源消耗、93% 的土地需求，以及 46% 的能源需求。布朗成功地把他的两个最大的理想结合起来了。

Beyond Meat 是近年来涌现的人造肉浪潮中的佼佼者。另一家创业公司 Impossible Foods（一家美国人造肉企业）也同样炙手可热。它也是从植物中提取蛋白，但用的是小麦和土豆，并且用亚铁血红素来模拟真实牛肉的色与香。这家公司获得了盖茨、李嘉诚等名人的投资。

除了从植物提取蛋白质，还有一些公司，比如 JUST Meats（皆食得肉类公司）和 Memphis Meats（孟斐斯肉类公司）尝试用细胞培养的方式来生长人造肉。后者还获得了盖茨、理查德·布兰森（Richard Branson）和农业巨头 Cargill（嘉吉，是一家集食品、农业、金融和工业产品及服务为一体的多元化跨国企业集团）的投资。

等一下，怎么哪儿都有盖茨？

人造肉行业刚刚起步，但这个热潮的背后，是人们对传统农业和食品获取方式的深层次忧虑。以传统畜牧业为例，其资源占用和对环境的破坏日益严重。还记得 2019 年夏天持续几个月的亚马孙雨林大火吗？很多人认为，这个生态灾难和人类的畜牧业活动有密切关系。在美国，畜牧业占用了一半以上的水资源，一半以上的农作物被用来做饲料，并且排放了一半以上的甲烷，更不用说畜牧带来的污染和传染病了。

人类必须要做些什么。

从北京有机农夫集市到人造肉，其背后的精神实质是有机环保的文化理念。这是基于一种对未来的共同想象。这种想象开始是一颗种子，慢慢成长为参天大树。

有机环保的思想萌芽于 20 世纪初。奥地利社会哲学家鲁道夫·施泰纳（Rudolf Steiner）被广泛地认为是这个思想的发起者。早在 1924 年，他就在《农业复兴的精神基础》一文中提出，农业应该回归自然，少用机械和化学物质。到了 1940 年，英国农业学家诺斯伯恩（Northbourn）爵士第一次使用了"有机农业"这个词。然而，这些思想并没有获得广泛认同。在接下来的 20 年中，杀虫剂和农药仍然被大规模地使用，而大众对此茫然无知。

直到 1962 年，美国科学家蕾切尔·卡逊（Rachel Carson）发表了《寂静的春天》（*Silent Spring*）。这本书讲述了 DDT（滴滴涕，是一种有机氯类杀虫剂）等农药对环境的致命危害，在公众中引起强烈反响。卡逊影响了整整一代人。后来成为美国副总统的戈尔说，正是这本书让他投身环保事业。"她惊醒的不但是我们国家，甚至是整个世界。《寂静的春天》的出版应该恰当地被看成是现代环境运动的肇始。"

有机和环保运动是 60 年代美国社会运动和思潮的一部分。它和反对越战、黑人民权运动、女权主义和嬉皮士文化一起，帮助当时的年轻一代重塑了西方主流价值观，其结果一直影响到了今天。很多人不知道，硅谷文化是受到了嬉皮士文化的直接影响。乔布斯就是其中之一。1995 年，在著名的《遗失的访谈》最后，主持人问了这样的问题。

主持人：你是嬉皮士还是书呆子？

乔布斯：当然是嬉皮士。和我一起工作的人都是。

主持人：为什么？

乔布斯：你要问一下自己什么是嬉皮士。在 70 年代我在加州见过好多。你会发现在你的职业之外，还有很多事情在发生，生活不是关于你父母做的是什么。这（种新的文化）让人们想成为诗人而不是银行家。这种精神可以注入到产品里去，你可以感觉到人们热爱它。和我一起工作的人不是为了电脑而做电脑，而是为了跟别人分享一些东西。这（电脑）是我表达的媒介。

有机运动也有自己的乔布斯和苹果电脑。那个人就是约翰·麦基（John Mackey），他创立的全食也常被称为食品界的苹果电脑。

全食是美国最大的有机超市，在北美和英国有近 500 家分店。在这里可以买到蔬菜、肉类、奶制品、谷物、酒类等各种食品。之所以叫全食，是因为这里出售的食品是经过最低程度处理的，不长期保存，也没有添加剂。换句话说，你买到的是天然和有机食品，不用担心氢化脂肪、色素、防腐剂、抗生素、农药，以及转基因。

全食卖的食品比外面要贵，这是因为要维持从田间到餐桌整个链条尽可能地天然和人道，成本并不低。然而，它仍然吸引了一大批忠实的粉丝，特别是年轻中高端收入的人群。据报道，全美有9%的人每月会在全食购物。很多人对全食的态度几近宗教信仰。

有机运动是怎样从一个小众的生活方式，成长为一种主流文化的？这是一个文化如何形成、发展，并通过商业化实现对社会进行实质改造的经典案例。

首先，从麦基的朋友圈说起。

跟乔布斯一样，麦基也有过一个狂放不羁的青年时代。他上了6次大学，但从没毕业。他研究宗教和哲学、打坐、吃素，通过冥想探索人生的意义。那时，他跟一群志同道合的朋友住在得克萨斯州奥斯汀的一个素食公社里。在这个乌托邦式的社区里，他的任务是给大家买菜。久而久之，他萌生了自己开个素食店的想法，并且在1978年和当时的女朋友一起开了一家。麦基和他的嬉皮朋友们是一个基于共同理念形成的群体，彼此的关系非常紧密（见图39）。因此麦基的店一开业，立刻就门庭若市，生意非常好，很快就在奥斯汀做出了名气。

▲图 39：麦基和他的朋友

然而，事情总会有波折。麦基在租店面的时候，房东曾经建议他买保险。因为那个地方平时没事儿，但遇到百年一遇的洪水就麻烦了。麦基没太在意。没想到第二年，奥斯汀真的遇到了百年一遇的大洪水。他的小店被彻底毁了。

当时，麦基觉得一切都完蛋了，他开店借的钱都还不起，更不用说继续营业了。是奥斯汀的嬉皮士社区救了他，朋友们纷纷过来帮忙重建小店，投资者给了他更多的钱，银行给他更多的贷款，店员们免费工作。说到底，这是咱自己兄弟的店，能不支持吗？

在全食发展的过程中，老铁们始终是他的支持者。这一点资本经常看不懂。曾经有一个风投拒绝给他投资，说他的有机食品业务虽然很好，但服务的主要是嬉皮士社区，这个市场太小了。后来这个投资人说这是他一生最糟糕的决定。因为他没有想到，随着年龄的增长，嬉皮士穿上西装，进入了主流社会，成为中高收入人群。这批人年轻时的理想会通过具象的事物（比如有机食品）在自己的生活中延续，并持续影响周围更多的人。

麦基是幸运的，因为他的事业根植于一个基于共同想象的群体之中。

和乔布斯一样，麦基的另一个成功之处是他对商业和理想的平衡。不同之处是麦基营造的是一个更让人愉快的工作环境，因为这是他的理想之一。

麦基并不惧怕商业，他逐一解决商业中遇到的各种问题，从产品到供应链，再到竞争对手。在开店之初，他就把品类从纯粹的素食，扩展到肉类和酒水，尽管他自己吃素。因为他知道，过于狭窄的品类选择撑不起一个业务。他努力扩大规模，为此他跟观念不同的父亲产生分歧，并最终请这位一直以来的精神上和财务上的支持者离开公司。不管怎样，按照普通公司的标准，全食在商业上是成功的。在成立的 30 多年里，公司的销售额接近 170 亿美元，员工接近 9 万人，价值成长了 30 倍，是全球最大的健康食品公司。

与此同时，它还被《财富》连续 10 年评为"全美最佳就职公司"，它在制度上鼓励一种透明与合作的工作模式，每个人的工资都是公开的，就像在当年的素食公社里。员工的奖金跟团队业绩结合在一起，他们有着行业内最好的工资福利待遇。同时，麦基限制高管最高工资与员工最低工资的比例，这个数字被定在 19 倍，远远低于美国主要的大企业。麦基本人从 2006 年开始每年只拿 1 美元，没有其他收入。

麦基对生态环境有特别的关注。全食建立了一整套对待动物的人道主义标准来约束供应商。这里还有一个小故事。

在 2003 年年会上，"提高农场动物生存状况"的负责人劳伦·奥内拉斯（Lauren Ornelas）慷慨陈词，控诉农场养鸭方式不人道。麦基不爽地回应，我们比别人做的好多了，然后就离开了会场。之后，麦基想起这件事，觉得他也许没有充分理解那位女士提出的问题。他开始像研究企业经营一样研究农场的饲养方式，结果他发现这位女士是对的，那个时候各地的农场对待动物的方式十分残酷。他随后给奥内拉斯写信，听取她的建议，并最终出台了严格的善待动物的标准。

全食始终有着比商业成功更高的理想。麦基说：就像人们要活着就不能不吃饭，做生意也不能没有利润。但是对大多数人来说，活着的目的不是吃饭，同样的，做生意的目的也不应该只为了赚取利润。

麦基的这种言论引起部分人的极度不满。诺贝尔经济学奖获得者、自由市场经济的著名理论家米尔顿·弗里德曼（Milton Friedman）曾经跟麦基有一次激烈的公开辩论。这是两种信仰的交锋，代表着对未来两种不同的想象。

弗里德曼非常坚定地认为，企业就是为股东创造价值的。股东挣到钱了，社会问题就解决了。麦基做的那些事儿，比如把公司税后利润的 5% 交给公益组织去帮助社区，从根本上就是错的。钱就应该交给股东，由他们来做决定。

而麦基说，弗里德曼错了。股东只是顾客、员工、供应商、投资人、社区和生态环境这6个利益相关方的其中之一。只有大家都好，任何一方才会好。利润不是目的，而是手段。

对于公司的远景，全食有一份《独立宣言》，是1985年由60个员工起草的。"健康的食品、强健的人类、生机勃勃的星球。"这才是全食奋斗的目标。麦基始终没有忘记嬉皮士文化中追求社会平等公正的一面。

即使站在商业的立场上，弗里德曼也没有能理解麦基。全食的利润其实远远高于同行。这是因为麦基赋予了有机食品精神属性，他扩展了有机的概念，把一种有"良心"的市场经济呈现给人们。而人们是会为这种精神买单的。与其说麦基是卖有机食品的，不如说他卖的是一种文化。

而文化是最高级的商业。

叛逆是文化的动力

人类在满足物质需求的同时，从未停止对精神世界的追求。有的时候，喝个啤酒也可以表现个性和叛逆。精酿啤酒这个行业的诞生，就是这样一个例子。

精酿啤酒行业是一个充满叛逆的行业。

所谓精酿，是指用水、酵母、大麦、啤酒花等，通过小规模而不是工业化的方式酿制的"精品"啤酒。由于原料和工艺精到，口味丰富，价格也就比普通啤酒贵很多。

根据美国酿酒师协会的统计，2018 年精酿啤酒的销售达到了276 亿美元，在整个美国 1142 亿美元的啤酒市场中占据了 24.1% 的份额。在啤酒整体市场下降 0.8% 的情况下，精酿的增长率是 3.9%。

2018 年，全美精酿啤酒厂达到了 7346 家，5 年前的数字是 3814 家。要知道，精酿啤酒从诞生到今天总共才只有 40 年的历史。

说起来，人类酿造啤酒已有几千年的历史。为什么还会出现精酿啤酒这个运动？为什么这个运动又是从美国开始的呢？

这还要从啤酒的工业化说起。啤酒按照酵母的类型分为艾尔和拉格。艾尔酵母发酵温度高，适合在家里酿制，但难以大规模生产，因为发酵时产生的高温会让发酵过程难以控制，也会造成设备的安全问题。而拉格酵母发酵温度低，酵母活动可控，在人类掌握低温技术以后，就特别适合工业化规模生产。因此，世界上最大的一些啤酒公司都是采用美式拉格的酿造方式。他们用低成本的大米和玉米等辅料代替大麦，并建立了大规模的生产能力。这使得我们喝到的啤酒九成以上属于工业啤酒。

工业化的结果是标准化。工业啤酒淡如水，因为水的味道没有特点，但又是所有人都不反感的。而用来降低成本的廉价辅料又进一步加重了这个倾向。因此，长期以来，啤酒的世界中只有"水啤"。大型啤酒公司会花大钱做营销，赞助音乐会，赞助体育赛事，努力打造年轻人的品牌，唯独在产品上，不愿意做出好喝的啤酒。

这个现象在 20 世纪 70 年代发生了变化。随着美国一些州放开了家庭酿酒的限制，那些厌倦了工业啤酒寡淡口味的人终于可以自己开干了。一时间，喝自己酿的啤酒成为一种风气。由于家里条件限制，人们都选择发酵温度高的艾尔酵母做啤酒。与此同时，一种味道浓郁的啤酒花卡斯卡特（Cascade），出现在市场上。这是俄勒冈州立大学的斯坦利·布鲁克斯（Stanley Nelson Brooks）博士和杰克·霍纳（Jack Horner）的发现。这个发现改变了啤酒工业的进程。因为人们终于找到了用最简单的元素水、大麦、酵母（艾尔）以及口味浓烈的啤酒花，来创造属于自己风格的啤酒了。生产啤酒的权利，又回到了咱老百姓自己的手里。

精酿啤酒从一开始，就是个体与工业化的对抗。这一点从美国酿酒师协会对精酿啤酒厂的定义中可以看出来。这个大家认可的规定是：（1）年产量最多不超过600万桶；（2）酒厂被工业啤酒厂的投资份额不超过25%；（3）至少有1款主打产品，或50%的销量中，没有使用辅料来酿酒，或者用辅料也是为了增加风味，而不是减少风味。

和工业化对抗，发掘自己的个性，这是精酿啤酒的精神属性。

在精酿啤酒发展的历史上，有许多卓越的领路人和开拓者。他们努力开发精酿能带来的新风格、新口味，同时探索在商业上如何保持可持续性。旧金山铁锚酒厂的弗里茨·美泰克（Fritz Maytag）是其中的一位。他是美国精酿运动的开创者。1975年，他首次在美国推出Pale Ale（淡色艾尔啤酒，很多人认为这是美国第一款IPA——印度淡色艾尔），并在其中第一次使用了卡斯卡特啤酒花。这一款Liberty Ale（自由艾尔啤酒）一面世就广受欢迎，人们发现啤酒竟然可以做得如此有趣。

美泰克用自己的行动定义了精酿的文化内涵。

美泰克是白色家电巨头美泰克家族的继承人。但是因为喜欢啤酒，"离经叛道"的他放弃了继承权，并把所有的财产全部投入一家濒临倒闭的啤酒厂中，一做就是50年（见图40）。

▲ 图 40：1965 年刚刚买下 Anchor Brewery（铁锚酒厂）的美泰克

他锐意创新，在产品上开风气之先，引领啤酒行业的方向。而当他的业务好到爆，产品供不应求的时候，他又拒绝扩大规模。对他来说，**过度商业化恰恰是商业的敌人。**他用培养更多同行的方式来满足客户需求。在他的帮助下，一大批人才进入行业，迅速成为精酿界的中流砥柱。

美泰克的特立独行和他反传统的商业思维，在早期就赋予了精酿行业特殊的气质，也使他成为精酿运动名副其实的教父。

另一位传奇人物则是内华达山脉（Sierra Nevada）啤酒公司的创始人肯·格罗兹曼（Ken Grossman）。他的经历也是个性、勇气和匠人精神的完美体现。

个性是毫无疑问的。格罗兹曼热爱大山，所以从繁华的洛杉矶跑到山边的小城 Chico（美国加州城市奇科）。他后来的啤酒公司也是以山的名字命名的。他对上学三心二意，只去上自己喜欢的课程，所以迟迟拿不到学位。他把修自行车作为自己的主要工作，同时为自酿爱好者提供各种酿酒设备，因为山地自行车和自酿是加州人民的两大业余爱好。他喜欢那种一览众山小的感觉（见图41）。

▲图41：喜欢登山的格罗兹曼

格罗兹曼不是那种叫嚣着要改变世界的人。但是，当他决定要做自己的精酿品牌时，他的勇气却是无可匹敌的。

格罗兹曼开始创业的时候一无所有，而当时整个美国也只有45个独立的酿酒机构。他和合伙人一共只有15000美元，又从家里借了85000美元。可是，他家里还有老婆孩子，所以只好在创业的同时再打一份工养家糊口。请不起工人，整个装配线都是从废品市场淘来的，不锈钢罐子、各种泵、管子、装瓶器，然后自己改装。没有银行借钱给他，没有外部投资者。

然而，格罗兹曼对自己有充分的信心。在确定可以每年销售1500桶的时候，他就着手建设一条年产12000桶的生产线，然后是300000桶，然后是第二个厂。今天内华达山脉年产量达到了1000000桶，成为美国最大的私有啤酒公司，其年销售额据估计在

2 亿到 5 亿美元。

格罗兹曼的信心来自他的匠人精神。他了解酿酒的全部细节，是他亲手从无到有地搭建了整个生产线。他对啤酒酿造的创新也贡献极大。内华达山脉推出的 Pale Ale 使用卡斯卡特啤酒花，带来的浓郁香气和平衡的质感让他脱颖而出。很多人认为这是第一款真正的美式淡色艾尔，后来的模仿者无数，直到今天仍然被称为美国人民的口粮酒。在此之后，他还持续推出了鱼雷 IPA（Torpedo Extra IPA）等爆款。

最有意思的是，当格罗兹曼年事已高，打算卖掉公司退休的时候，是他的孩子们阻止了他。公司轻松可以卖个 10 亿美元，但他的孩子们打算继续做下去，这让他又惊又喜："我本来也不是为了钱做这个的，如果孩子们想传承，为什么不一起干呢？"

文化真的是可以代代相传的。

精酿啤酒是庶民的胜利。今天，精酿在中国同样以惊人的速度发展，据说增速在 40% 以上。高大师、拳击猫、京 A、牛啤堂、大跃、悠航、北平机器、熊猫精酿，一大批精酿品牌出现在人们的视野中。

在每一个酒吧，顾客和酿酒师都在尝试最新的口味。每一款都有你喜欢或者不喜欢的苦涩、清香、果味……每一次都是新的尝试，而每一次这样的交流，都是你和酿酒师的一个秘密：我也可以有选择，我们也可以对抗工业时代的平庸。

潮牌、文化、品牌的相关性

我们看到，年轻而有冲击力的文化潮流往往带有一种叛逆的力量，而商业的成功则需要秩序的建立。这两者之间怎样建立平衡呢？换句话说，文化和商业的结合，是文化多一些，还是商业多一些？这就要涉及一个重要的话题：品牌。因为它是文化和商业的交汇点。

根据品牌大师戴维·阿克（David A. Aaker）在他的《品牌大师》（*Aaker on Branding*）中的描述："品牌绝非是一个名称或标志，而是一个公司对消费者的承诺，它传递给消费者的不仅仅是功能性利益，还包括**情感、自我表达和社会利益**。但一个品牌又不仅仅是承诺的兑现，它更像是一段旅程，一段基于消费者每次与品牌**接触的感知与经验**而不断发展的消费者关系。"

长久以来，品牌一直在努力地向阿克提出的标准靠拢。他们研究（年轻）消费者，尝试新的媒体形式，用年轻人喜欢的语言与之沟通。他们找到各式各样的网红 KOL（关键意见领袖），把自己和这些生活方式的代表们联系在一起。他们挖掘消费者内心的情感冲突，并试图用精准的语言去激发共鸣。可是，为什么大多数品牌依然得不到年轻消费者的认同呢？

品牌跟文化，或者说亚文化，怎样才能建立关系？

我们来看一个例子。

有这么一个品牌，它把店开在曼哈顿一条不那么高级的街上；店里卖的 T 恤、卫衣、裤子、帽子之类的不算有多原创，但价格高得离谱；门口总是排队，如果赶上 Drop Day（交货日），即某些特殊款的发行日，只有少数人才被允许入内；就算进去了店员也没什么好脸色，一副你爱来不来的样子。但是，这个潮牌火得一塌糊涂，各大品牌还争相跟它联名：耐克、路易威登、万斯、川久保玲等。贴了它 LOGO（商标）的一块砖头，都好意思开价 30 美元，而且据说 eBay 上炒到了 1000 美元。

对，这个品牌就是 Supreme。

究竟詹姆斯·杰比亚（James Jebbia）——这个品牌的创始人，掌握了什么秘密？

答案是滑板文化。

杰比亚 19 岁的时候从英国来到纽约，在一家叫"降落伞"的店里打工。他后来开了一家叫 Union 的店，卖从英国淘来的衣服。在这里，他开始与肖恩·斯图西（Shawn Stussy）合作。这是杰比亚一个幸运的转折。因为斯图西是从冲浪运动到滑板运动，乃至街头文化转变时期非常重要的设计师，他首创的滑板涂鸦使他成为业界大神。杰比亚就这样误打误撞地进入了滑板的天地。

他的第二个幸运之处，是 20 世纪 90 年代的纽约正在经历一个特殊的阶段，危险、混乱而又生机勃勃，造就了独特的底层文化。"人们会买东西然后被抢劫。但是纽约就是这样子的。"杰比亚回忆说。滑板、涂鸦、嘻哈，这些"草根"的街头文化逐渐汇聚成了一种底层人民的共同记忆。

杰比亚对滑板文化开始痴迷，虽然他之前并不滑。"我一直很喜欢滑板世界。它不那么商业化。它更有态度，也更无所畏惧。"他在一条相对僻静的街上开了 Supreme 店，里面摆了各种各样的滑板，大声放着音乐、拳王阿里(Muhammad Ali)的拳击比赛和电影《出租车司机》。他雇了很多帅气的街头滑板高手做店员，有些还演过电影。他们又酷又自以为是，想一想这是纽约的街头就可以理解了。虽然这是一家服装店，但似乎更像是一个街头少年厮混的地方。大家去公园里滑板，在店里聊天，然后去吃饭。

"我从一开始就没把这看作是一个生意。它更像是一个聚会的地方，而且是属于特定人群的。"杰比亚说。

请注意，杰比亚并不是滑板高手，他是做服装生意的。然而，他选择将自己的生活跟滑板社区结合在一起，**共同创造一种独特的文化**。共同创造非常重要，因为文化就是基于共同的想象。

滑板文化就是共同创造的产物，而这个过程是缓慢的。早在 20 世纪 50 年代，一些加州和夏威夷的冲浪爱好者就试图把滑板带到陆地上，从而开创了一种新的风格。六七十年代，滑板开始被许多人接受。有了更好的材料和设计，有了更多的玩法，有了正式的比赛，有了自己的媒体，一些体育品牌也开始专门生产滑板和鞋。

1978年，奥列·盖范特（Alan Gelfand）发明的一个革命性跳跃动作"Ollie"（豚跳）轰动了滑板界，这标志着街头滑板的诞生。然后，史上最伟大的滑板大师出场了。罗德尼·木伦（Rodney Mullen）被称为滑板教父。他11岁的时候就参加比赛拿到冠军，从那时开始，他就不断参加比赛并赢得冠军（见图42）。在他一生中，他只有一次因为生病得了第二名，其他全是冠军。与此同时，他发明了一个又一个新动作，让滑板成为一项家喻户晓的运动。

▲ 图 42：史上最伟大的滑板冠军木伦

这样一种高度自由和个人化的运动，与街头少年粗粝而充满朝气的生活结合在一起，构成了一种来自"草根"的骄傲。杰比亚真正做的，是为这种"草根"文化找到了一个载体：一家滑板店和一个属于他们自己的品牌。

在今天的潮牌领域里，许多大牌都有街头文化的深刻背景。炙手可热的潮牌 Off White 的创始人维吉尔·阿布洛（Virgil Abloh），以前是跟说唱大佬"侃爷"坎耶·维斯特（Kanye Omari West）一起的。"侃爷"自己也有 Air Yeezy（椰子，说唱第一鞋）这样的潮牌。人们只看到小伙伴们炒鞋，并表示无法理解。但事实上，这是来自"草根"的街头嘻哈文化经过几十年的耕耘，逐步被主流文化接受的结果。

再比如，从街头文化中走出来的潮牌 Ed Hardy（埃德·哈迪），是将文身艺术与服饰结合起来，用刺绣、水洗、泼墨的方法，绘出飞鹰、猛虎、骷髅等造型，以及龙、狗等图案。这种避免了刺青之苦，但又享受"草根"骄傲的模式，得到了好莱坞明星们的喜爱，从而影响了整个时尚圈。

"草根"的街头文化正在改变主流文化。这是历史的必然。我们今天就处在这样一个新品牌取代旧品牌的时代。

阿克在他的《品牌相关性：将对手排除在竞争之外》（*Brand Relevance: Making Competitors Irrelevant*）一书中，指出传统的品牌竞争模式是偏好性竞争，即在原有格局下强调自身品牌的优越性。阿克认为这种模式是没有前途的。他推崇相关性竞争，即不断寻找新的品类和子品类，或者说新的场景和语境，从而使自己不失去与目标群体的相关性。对于品牌来说，仅仅认知潮流的变化并试图强行建立关联，是没有公信力的。真正有效的，是从原有的框架中跳跃出来，与这种文化一起成长，分享共同记忆，成为他们的一部分。

品牌也好，商业也好，最终反映的是人们的生活方式和共同想象。年轻的代替老的，新的代替旧的。当新的共识出现时，我们希望和他们在一起。

想象的共同体

1983 年，本尼迪克特·安德森（Benedict Anderson）出版了他的经典作品《想象的共同体》（*Imagined Communities*）。这位出生在昆明的学者，通过长期对印尼和中南半岛国家和民族的研究，提出了"民族是想象的政治共同体"这样一个概念。他认为，民族这个共同体并不是基于种族、血缘或是宗教，而是共同想象的产物。这个发现让世人震惊。

2012 年，以色列人尤瓦尔·赫拉利（Yuval Noah Harari）写了一本叫《人类简史：从动物到上帝》（*Sapiens: A Brief History of Humankind*）的书，引起了轰动。书中有一个观点贯穿始终：人类是依靠共同想象来组织自己社会的。从神话到金融，从宗教到市场，是共同的想象，让我们建立起秩序，维持社会的正常运转。也是共同的想象，让我们突破限制，寻找新的可能。

共同想象是人类聚合的根本原因，大到民族，小到企业。而在这两者之间，文化反映和承接了社会不同群体想象的方方面面。一个伟大的企业，是一个能够在社会变化中塑造文化的企业，也必然是一个充满想象力的企业。

第 8 章
生态系统的养成

▶

在第三章中，我们曾经提出：生态系统是"战略第三条路"的重要组织形态。在跳跃、持续成功之余，企业必须尽快弥补它的能力空缺，它们可以自建能力，但因市场环境变化很快，一般来说单靠自建并不能快速达到理想状态，所以企业往往需要通过与第三方（们）的合作才能将所需的能力和能力体系建立起来。

对商业生态系统而言，适应性、多样化和共同进化等都是保持该生态可持续性发展的基础。

本章内容主要围绕这个话题，并结合"复杂性理论（Complexity Theory）"和托马斯·弗里德曼（Thomas L.Friedman）的"自然生态（Mother Nature）"比喻展开。

小米是如何转身的

从 2011 年发布第一款手机起，小米用了 3 年多的时间就成为中国手机销量的霸主，并一度成了全球最大的独角兽。但从 2016 年开始，小米手机销量下滑，逐步被 OPPO、vivo 等强势品牌超越。

在智能手机的风口逐渐褪去，手机市场的竞争格局基本锁定时，小米公司瞄准了智能家居这个风口，开始把大量的精力和资源投入生态系统的建设中。2013 年底，小米公司就开启了"生态链计划"，雷军定下了 5 年内投资 100 家生态链企业的目标，而这个目标早已达到。

根据雷军的说法，小米生态圈属于半开放的创新模式，其核心是小米科技公司，而小米科技公司核心产品只有三个：手机、路由器与电视。小米是这样盘算的：通过路由器连接（Connect）所有智能设备（Smart Machine），通过手机来控制（Control）所有设备，通过电视来显示（Display）家中所有信息状态，最后实现智能家居的梦想。

而智能家居领域，由于传统企业不具备互联网营销的优势，小米生态链的各项基础条件是小米投资生态系统的重要基础，这为小米生态系统的构建和壮大提供了便利条件。过去 5 年，从电饭煲到洗衣机，从智能台灯到智能门锁，米家逐步覆盖了客厅、卧室、厨卫、出行等场景，一系列爆款涵盖了大家电、小家电等多个领域，也验证了电器的智能化尤其是大家电的智能化，将是智能家居落地进入关键阶段的必然选择。

2016 年，小米发布了米家品牌，目标是做未来智能电器的领军品牌，进而成为智能化生活的代名词。它要用人工智能、大数据、云计算等 AIoT（人工智能物联网）科技，为大家电、小家电赋予智能化，提升用户体验，加快智能家居走进千家万户，快步迎接万物互联、舒适智能生活的新时代。截至 2019 年 3 月 31 日，小米 IoT(物联网)设备数超过 1.71 亿台（不含手机、平板和笔记本电脑），同比增长 70%，可见智能家居的进程正在进一步加速。

分析小米布局生态圈的过程，可以发现生态圈是三个环路：第一环是智能硬件；第二环是内容产业；第三环是云服务。以智能硬件为例，润米生产的服装、小蚁科技生产的摄像头、九安医疗出品的智能血压计、智米的空气净化器、创米的智能插排、华米的体重秤、纳恩博的平衡车，都是小米生态系统的组成部分。以内容产业为例，投资优酷、爱奇艺，实现内容产业的入局和变现；以云服务为例，入资世纪互联和老东家金山软件。随着小米生态系统越来越大，其领域已覆盖到智能硬件、医疗、社交、教育、文娱、游戏、电商、本地生活、房地产、金融等，小米生态系统的体量越来越大（见图43）。

▲ 图 43：小米生态系统。图片来自高风分析

和传统投资者不同的是，小米运行的生态链具有更好联结度，突出地体现在小米平台对小米生态企业的大力支持上。小米公司官网会同步上线这些生态企业的产品和服务，而雷军会为这些企业和产品站台，即小米运用自己的口碑和流量在"喂养"这些生态企业，使得生态企业的发展速度极其可观。

雷军通过布局生态系统，使得小米公司实现了快速拓展，增强了小米的生命力和创新性。小米官网由于一系列生态企业产品和服务的加持，也成为仅次于淘宝、京东的巨大电商平台，这是生态系统对企业本身反哺的具体体现。

生态系统是"战略第三条路"的组织形态

今天在企业界和管理界，甚至自媒体界，不少人都在讲生态。大家都对生态的搭建有自己的观点。不错，生态已经成为近年来企业发展组织形态的主要体现方式。但是，当许多人都在描述现状的时候，却很少有人问"为什么"。为什么从前大家不太讨论，但现在到处都在讲生态系统？

一般的评论文章一开始必定会说"时代改变了，今天经营环境已经瞬息万变，高速改变，模棱两可"等。有些人喜欢说"VUCA"（即：Volatile 不稳定、Uncertain 不确定、Complex 复杂、Ambiguous 模糊），因为这样的环境，所以企业需要建立生态。

这样的逻辑不是不对，只是跳过了几个重要的步骤。

众所周知，环境影响战略，而战略则指导组织形态。**生态是现代组织形态的重要体现方式。**

正如在第三章中所提到的，"战略第三条路"是表明企业的边界，是在"机会"与"能力"之间做出比较。面对新机会出现的时候，尽管我们目前的能力还不足够完全应付新的挑战，我们可以决定要不要从现在的业务跳到新的业务去。

许多快速成长的企业普遍都选择了在不同时空中做出适时、连续跳跃。在跳跃、持续成功之余，企业必须尽快弥补它的能力空缺，它们可以自建能力，但因市场环境变化很快，一般来说单靠自建并不能快速达到理想状态，所以企业往往需要通过与第三方（们）的合作才能将所需的能力和能力体系建立起来。这就是生态。

换句话说，生态系统便是"战略第三条路"的重要组织形态。

如何才能更好地建成生态系统且使其良好运行？平台思维在其中很重要。**这里所说的平台，并非狭义的互联网中介平台，而是指在两方甚至多方之间进行连接的载体，它是一种广义的概念。**

实际上，打造一个完整生态圈的基础是构筑一个平台，这个平台就是能够维系生态圈生存的基础，或者是最底层的生存资源。在我们所熟知的自然生态中，草原生态依赖草地这个平台，海洋生态则依赖水这个平台。通过平台连接至少两个特定群体，然后因为某种特定的联系，为他们提供互动机制，进而满足所有群体的需求，维系平台存在的价值。

商业生态也是如此，一个网站、一个 App、一个公众号、一个公司甚至一个人都可以作为一个平台的载体。起点中文网连接了读者和作者，大众点评 App 连接了消费者和商户，苹果 App Store（苹果应用程序商店）则连接了 App 使用者和开发者。

平台绝不仅仅是连接消费者和供应商的中介。它可以是生态系统最重要的赋能者，行业标准的定义者。比如在电脑时代，围绕微软和英特尔的这一个 Wintel 平台，构成了一个有丰富的软硬件产业链关系的生态圈。今天，为独立站（简单地说，就是品牌商建设的具有销售功能的官方网站）提供服务的 Shopify（加拿大电子商务软件开发商）也是一个平台，只不过它构建的是一个去中心化的网络。而我们刚刚提到的小米，也是以赋能为手段建立平台的例子。

在陈威如和余卓轩于 2013 年共同撰写的《平台战略》一书中，他们提到："平台商业模式的精髓，在于打造一个完善的、成长潜能强大的'生态圈'。纵观全球许多重新定义产业架构的企业，我们往往就会发现它们成功的关键——建立起良好的'平台生态圈'，连接两个以上群体，弯曲、打碎了既有的产业链。"而在忻榕、陈威如和侯正宇于 2019 年联合出版的《平台化管理：数字时代企业转型升维之道》一书中，他们再次强调了平台和生态在当今商业环境中的重要性。书中写到平台化企业能力的四大要素包含建构数据智能、微粒化组织、共享社会资源与形成多元生态。陈威如教授在新书的发布会上表示，未来的平台化企业，将是一个具有开放性和多元化特点的共创共生的生态平台，用数据能力、社会资源整合能力、快速迭代的技术能力，赋能个体和企业，创造更大的社会价值。

一个成功的平台不仅提供渠道和中介服务，其精髓在于打造完善且成长潜能强大的"生态圈"。在"生态圈"内，不单可以快速建立沟通与联系，进行撮合交易，在很多时候它是提供一种更全方位的服务，以支撑其平台的属性。为了达到这个目的，平台的衍生产物就会越来越多，平台也会越来越大，其承载的功能以及能够满足的多方需求也会越来越丰富，最终形成一个稳固而多样的生态。

平台商业模式的另一个特点是开放。平台模式中，对于用户"边"的定义，是必然拥有开放性的特质的。否则，即使该群体与平台企业有商业往来，也不能被称为生态圈中的一个群体边。比如，苹果公司的手机生产商不能视为苹果公司生态圈的一边，主要原因是苹果公司并未将硬件这一边打造成开放的群体。而安卓系统就可以，因为有数不清的厂商投身安卓的平台之中。当然，在技术与社会快速变化的时代，唯有走充分开放之路，才能更好地生存和壮大。

在今天的数字环境中，平台的搭建拥有更多的工具。对于生态系统的组建者和参与者来说，他们在设计相关的商业模式时必须考虑四个重要的因素（特别是2C的）（见图44）。首先是无处不在（Ubiquity）：海量的客户覆盖，企业在几乎所有主要线上触点上可以实现与客户的直接接触。商业活动可以同时存在于线上和大量线下，能够实时实地为用户提供服务。第二是一人细分（Segment of One）：企业有能力针对每一个客户的个性化需求，提供定制的产品与服务组合，提高体验感。例如通过数据分析，实现定向推送推荐。第三是互联互通（Interactivity）：企业可以借助社群把具有相同爱好和诉求的客户聚集起来，进行相互交流，从而增加对品牌的归属感和黏度。第四是全面连接（Connectivity）：通过生态系统，企业可以与客户保持不间断的连接（移动智能设备、物联网等）。

▲图 44：2C 平台的数字商业模式重要效率原则。图片来自高风分析

平台战略的**真正本质就是适时、连续跳跃**。这些平台不是为建而建的，而是企业在进行适时、连续跳跃之余，因要建立所需能力体系而自然建成的组织形态。平台的基础是数字化经营的四大原则，特别是平台需要无处不在。而要符合无处不在的最低要求，活跃用户量起码需达到数千万。最难的是从零跳到这个基本数。一旦拥有基本数目的用户量，就可以做平台和生态，横向跨界发展便有可能。而成功向跨界平台发展，指数级价值出现的概率自然会提高。

复杂性理论是生态系统的支点

生态其实原本是生物学中的一个概念。1935 年，英国生态学家阿瑟·坦斯利（Arthur Tansley）首次提出生态系统的概念。他指出，生态系统是在一定的空间和时间范围内，在各种生物之间以及生物群落与其无机环境之间，通过能量流动和物质循环而相互作用的一个统一的整体。生态系统的概念提出之初，只在生物学领域内研究和讨论，其后逐步应用在社会学、经济学、管理学等领域中。

几十年后，生态的概念开始逐步被商业采用，并出现了"商业生态系统"这一概念。1993 年，美国著名经济学家詹姆斯·穆尔（James F.Moore）在《哈佛商业评论》上首次提出了"商业生态系统"这一概念。所谓商业生态系统，是指以组织和个人（商业世界中的有机体）的相互作用为基础的经济联合体。商业生态系统中的各个"物种"，在一个商业生态系统中担当着不同的功能，各司其职，但又形成互赖、互依、共生的生态系统。在这一商业生态系统中，虽有不同的利益驱动，但身在其中的组织和个人互利共存、资源共享，注重社会、经济、环境综合效益，共同维持系统的延续和发展。

艾森哈特和布朗在《边缘竞争》一书中也提到了"复杂性理论"和它对生态的影响。复杂性理论原本是计算机科学和数学理论的一个分支，它致力于将可计算问题根据它们本身的复杂性分类，以及将这些类别联系起来。网络经济世界的运行并不都是你死我活的斗争，而是像生态系统那样，组织间存在"共同进化"关系。据复杂性理论的描述，自适应是一种足够有序并能够确保稳定的行为，同时又具备了充分的灵活性。在企业的商业生态系统中，为了企业的生存和发展，彼此间应该合作，努力营造与维护一个共生的商业生态系统，各个"物种"体现了自适应、互适应和共同进化的特质与能力。复杂性理论清晰地指出，商业生态系统就像生物生态系统一样，它的有效性和持续性是基于生态系统内各物种的多样性，代表了它共生、包容和繁衍的特征。

根据复杂性理论的描述，自适应"又具备了充分的灵活性，时常制造一些小小的'意外'"。而生态系统中的各个"物种"能够互相适应彼此，促使它们有效利用各自的优势，建立长期互惠互利的关系。同时，凯文·凯利（Kevin Kelly）的《失控：机器、社会与经济的新生物学》（*Out of Control: The New Biology of Machines, Social Systems, and the Economic World*）一书中描述，各个"物种"之间都存在着相互影响、相互促进、谋求共同进化的关系。用商业环境来类比自然环境，从自然选择扩展到寻找竞争优势，商业生态系统将会实现共生进化。

对于生态，托马斯·弗里德曼于 2016 年出版的一本书《谢谢你迟到》（*Thank You for Being Late*）中也阐述了他的观点。弗里德曼提出有三大元素将主宰未来：第一是市场，第二是摩尔定律，第三是自然生态。他剖析了自然生态是怎样存在了数十亿年、地球是怎么出现等自然现象，并讨论了商业生态应该如何通过借鉴自然生态演变的过程以完善自身生态的发展。

弗里德曼认为商业生态就像自然界的生态系统一样，它必须具有适应性、冒险精神、多样化、可持续性、系统性，不怕且相信失败等特质，当生态系统中的"物种"具备了这些特性时，该商业生态就能实现边界最大化，在保留"物种"随机性的同时建立多样性。生态系统中没有强制性的中心控制，各单位具有自治的特质。但是，由于各单位之间彼此高度连接，因此生态圈中的所有生命之间都存在着相互影响、相互促进、谋求共同进化的关系。

华为的"外部生态"和"内部生态"

在华为的几大发展阶段中，经历了好几次"适时、连续跳跃"并在跳跃的过程中不断打造了自己的商业生态系统。华为刚刚成立时，只是一家生产用户交换机的香港公司的销售代理。后来，华为逐步看到企业在电信解决方案方面的趋势，世界变得越来越互联，2005 年左右，公司由全面通信解决方案电信设备提供商向提供端到端通信解决方案和客户或市场驱动型的电信设备服务商转型。此后华为逐渐把自身的通信业务链进行延伸，初步形成了"云、管、端一体化"的格局。到 2010 年，用户开始从互联化的社群转变为独立的个体，拥有个性化和"一人细分"的特征。看到此趋势后，华为开始加大对人工智能、5G、物联网等科技的投资，以适应趋势的发展。在适时、连续跳跃的过程中，华为的一部分能力是通过自建的，另一部分是通过生态系统获得的。今天，华为的业务涵盖了智慧城市、公共安全、金融、能源、互联网等领域，已经构成了非常庞大的生态系统。

华为外部生态系统的成功是由华为内部的生态系统所驱动的，其核心是"全球资源配置"。华为在全球不同的地方寻找最好的人才和资源来支撑能力的发展。现在华为在全球拥有100多个分支机构，其中中东和非洲地区近40个。它有效地利用全球资源，形成了全球多个运营中心和资源中心，涵盖行政、财务、研发、供应链方面。2015年11月，华为宣布将在5年内投入10亿美元实施"沃土开发者使能计划"，打造面向开发者伙伴的开发使能和联合创新平台。之后，华为逐步开源开放了通信技术、云服务、鲲鹏计算能力等，并在全球建立21个OpenLab（一个生态伙伴构建的开发合作平台），打造开发者社区，举办开发者大赛和人才认证等。直至2018年，华为从事研发的人员有8万多，约占总人数的45%。在研发方面投入了超过150亿美元，在《2018年欧盟工业研发投资排名》中华为位列全球第5。除此之外，华为还积极地在社会上与大学和科研机构进行合作，以拓展自己的生态系统。

正如"华为中国生态伙伴大会2019"上的主题词："因聚而生，智能进化"，华为的生态系统建设步履坚实，是在进化中不断获得发展的。华为致力于打造一个万物互联的智能世界，涉及各行各业。华为公司董事、企业BG（事业群）总裁阎力大在该次大会上说："很多企业都在'喊生态'，而华为是在'做生态'。"

这里面有几层含义：

第一层是不做抱团取暖的企鹅生态，而做军团生态。音乐软件千千静听被百度以千万级人民币的价格收购后，广受欢迎的千千静听被百度音乐代替，此后由于百度音乐发展不顺畅，重新改名为千千音乐，但已难以复制之前千千静听的辉煌了。可见，企业要建立生态系统，必须找准自己的边界，不能单纯做投资，而是要被投企业与自己形成强战略关系。企鹅生态是被动接受变化，而军团生态是积极主动适应变化。在企鹅生态这种主导思路下，企业可能会失去发展独立生态的机会。但是华为的生态允许企业独立发展，还可以在生态中展开自我创新。任正非曾公开声明，华为坚持"不做应用、不碰数据、不做股权投资"，这是华为对自己业务边界的界定，同时也是对生态伙伴的一个承诺。

第二层是不做线性生态，而做复合生态。线性生态缺乏持续的互动，而复合生态能够调动更多积极性，生态系统内部部分与部分之间关联性更强、更多，个体之间互动的密度也更高、更活跃。从 2015 年 5 月华为开始构建生态系统，发布打造业务驱动的 ICT（Information Communications Technology）基础架构起，它通过基础架构、基础设施与行业应用类软件的深度融合，持续打造以用户为中心的生态系统，赋能新产业革命。华为的生态建设不仅仅是跨行业，还有全球化。正如华为 Cloud & AI（IT 产品线）产品与服务 CTO（首席技术官）张顺茂所说，华为"起步目标就是面向全球"！2000 年前后，华为开始在其他地区全面拓展，包括泰国、新加坡、马来西亚等东南亚市场以及中东、非洲等区域市场。此外，华为在南非和沙特这些相对比较发达的国家取得成功后，才将目标转向了更为发达的欧洲市场。现在华为在全球拥有 100 多个分支机构，形成了全球多个运营中心和资源中心，涵盖行政、财务、研发、供应链方面。

第三层是不单做产品建设，还做人才建设。华为抓人才建设是面向所有企业，而非单一独享的人才供应链。华为打算以华为生态大学为平台，联合超过 300 家高校，共同打造国内首个 ICT 行业的全周期人才供应链。另外，早在 1996 年华为就明确要求将每年 10% 以上的销售收入投入研发，2018 年华为从事研发的人员有 8 万多，约占总人数的 45%，在研发方面投入了超过 150 亿美元，在《2018 年欧盟工业研发投资排名》中位列全球第 5。

第 9 章

组织的意识

每个人的行为和思想都是由他的意识所支配的。显意识是你认为你知道在做什么和为什么在做什么，而潜意识是你不知道你在做什么和为什么在做什么。绝大部分的人认为自己很清楚自己每分每秒在做什么和为什么做什么。但事实上，根据心理学家的研究，人类绝大部分时候是不知道自己在做什么和为什么做什么的。换句话说，人类大部分时间的行为举止都受他的潜意识所支配。

　　组织是人组成的，人有意识（包括显意识和潜意识），组织也有意识。本章将揭示组织的显意识与潜意识，以及它们是如何"工作"的。

谷歌的小故事

在《重新定义公司：谷歌是如何运营的》（*How Google Works*）一书中有这样一个故事。

在 2002 年 5 月某个周五的下午，谷歌的创始人之一拉里·佩奇（Lawrence Edward Page）在谷歌网站上浏览网页。他尝试键入某个词条，想查看搜索结果，但他并没能得到满意的结果。他发现，有的广告与搜索词条内容关联不大。假如他键入词条"川崎 H1B（一个日本摩托车品牌型号）"，谷歌提供的广告都是帮助移民申请美国 H-1B（美国的签证）签证的律师广告，并没有任何关于"川崎 H1B"款摩托的广告。

谷歌的搜索功能本应为客户推荐更具匹配度的广告结果，没曾想它也会为客户带来无用的信息，这令佩奇感到非常震惊。所以，他将不喜欢的搜索结果打印出来，在上面把有问题的广告做了标记，并将其贴在一个不起眼的公告板上。同时，他在文件上端写上了"这些广告糟透了"几个字后便回家了。他并没有打电话或发邮件给任何人，但接下来发生的事情出乎了他的意料。

在下周一的清晨5:05，一位名叫杰夫·迪安（Jeff Dean）的搜索引擎工程师给佩奇发送了一封电子邮件。他同其他四位同事，看到佩奇在墙上的留言后，都觉得佩奇的评价很合理，于是决定趁周末想办法解决这个问题。迪安先在邮件里详尽地分析了问题出现的原因，并给出了一个解决问题的框架思路。他们5人利用周末空余的时间编写方案模型和超链接，并对其进行了测试。实践结果证明新模型较当时的系统有优越性。这份方案的细节烦冗且专业性强，但其核心理念在随后成为谷歌AdWords（关键词竞价广告，也称为"赞助商链接"）赖以生存的基础与发展的引擎。无意间他们在这个周末创造了一个价值几十亿美元的大业务。

其实广告并不属于迪安所管理的范畴，也不属于其他四位同事的职责范围，按传统公司的管理方式，他们无须为广告业务的问题负责。但迪安同其他四位同事竟然愿意用自己周末的时间来解决公司的问题。这不是我们熟悉的职场文化。在大多数企业里，不求有功，但求无过是常态。没有人愿意做一个没有明显回报的事情。

为什么谷歌的员工会用自己的时间，做自己分外的事情呢？这是来自谷歌的一种特殊文化，这种文化深深地进入了员工的潜意识中。

在谷歌的诞生和发展早期，创立了一种在硅谷都显得特立独行的文化。那就是工程师文化。从招聘开始，谷歌就释放出强烈的信号：最优秀的工程师们，快到碗里来。你们在这里可以做世界上最酷的事情。而且，你们有决策权。我们充分信任你们。事实上在谷歌，工程师的地位远远高于MBA（工商管理硕士）或其他类似的管理人才。

这种工程师文化强调的是技术的优先级、解决问题的能力、就事论事、平等合作的观念。同时也赋予了工程师一种使命感，就是他们在解决世界上最难但又是最有价值的问题。谷歌著名的"不作恶"为这个使命增加了价值观的色彩，也让工程师们对自己的工作充满自豪感。

另一方面，谷歌又是一个创业公司。员工和公司在情感和利益上都高度一致。对创业公司来说，每天都在面对变化，因此需要灵活安排工作，强调合作分享，不分彼此，每个人都应该帮助别人。

因此，周末加班工作对迪安他们来说，不是因为老板的命令（事实上也没有人找他们），也不是因为有加班费，而是一种自然的反应。它可能来自问题本身的挑战性和趣味性，可能来自作为工程师的骄傲感，也可能来自帮助别人的习惯。

谷歌员工独特的意识来自其独树一帜的管理理念。早在谷歌仍为初创公司之际，两位创始人就对"组织"进行了诸多思考。在谷歌每个周五的TGIF（Thank God it's Friday）日，佩奇同谷歌其他的领导者们都会在公司内开一场非正式的会，同所有谷歌的员工分享公司现在正在发生什么，欢迎新员工，并鼓励谷歌的所有员工对他们提出问题并给予真挚的回答。这种活动不仅是在管理或激励员工。通过这项活动，谷歌的组织模式早已慢慢转向赋能，让员工们的"潜意识"不断引导他们做出对公司有益、对社会有益的事。而这也正是谷歌能在多个领域持续成功发展的主要原因。

谷歌在初创时期便明白人才及其意识的重要性，坚持雇佣他们认为最为顶尖的人才。因为根据"羊群效应"，顶尖的员工团队就好似一个羊群，A 类人才会吸引并招聘 A 类人才。谷歌尽力营造任人唯贤的环境，在强调团队合作的同时，鼓励员工在对问题存疑的时候提出自己的顾虑，对自己不赞同的地方发问。

同时，谷歌员工可以利用 20% 的工作时间做工作以外的事情，公司鼓励员工更多地参与公司的活动，鼓励员工把自己的东西尽可能多地带到公司。谷歌的创办人曾提出一个"70/20/10"的模式，即 70% 的精力放在核心业务，20% 放在与核心业务相关的创新业务，而 10% 可以放在开发较为"疯狂"的创意。这些创意有的可能发展成为广受欢迎的产品，有的则可能因不太现实被暂时搁置。

谷歌通过构建良好的工作环境，创造了良好的组织意识。好的组织意识能够使员工在应对可能出现的变化时，在没有明确指令时做出正确的事。下面，我们将就组织意识的话题展开讨论。

从个人的意识到组织的意识

个人的意识

心理学家西格蒙德·弗洛伊德（Sigmund Freud）认为人的意识具有显意识和潜意识之分。他认为，显意识支配着每个人一切的外在活动，包括工作、社交、思考、吃饭、睡觉，甚至连举手、抬脚等细微行为都无一例外地受着显意识的支配；潜藏在冰山之下的是潜意识，它非线性地解释着人们做出的许多选择。

除了对行为发出指令以外，显意识还担负着收集各种与己有关联或有兴趣的外部信息，并源源不断地输向潜意识。可以说，显意识是人类一切"主动行为"的指挥员，但显意识并不能指挥人类所有的行为。因为很多时候，人们的潜意识与显意识是冲突的。当显意识和潜意识发生矛盾时，就会出现"被动行为"。所谓"被动行为"指的是，有些行为的发生，并没有得到显意识的明确指令，是由潜意识直接操纵的。

心理学家卡罗尔·德韦克（Carol S.Dweck）在《终身成长》（*Mindset: The New Psychology of Success*）一书中的"成长型思维"理论很好地解释了潜意识如何对个人发展起到至关重要的影响。在书中，她介绍了两种思维模式——固定型与成长型。如果你认为自己已经定型，那么无论环境如何，你都会一次又一次地重蹈覆辙。但如果你拥有成长型思维模式，你就会相信，经过努力，你的个性是能够培养和改变的，这时就是潜意识在发挥作用。

组织的意识

前文中提到，组织和人一样，是有意识的。

组织的显意识体现在它"看得见，摸得着"的地方，比如它的组织架构、管理流程、IT 系统、管控模式等。许多企业花了不少钱和时间，还请了不少第三方公司来协助它们建立这些"硬件"。企业的领导者一般认为只要将这些"硬件"在公司内设置好了，公司就能安全、有效率地运作。

当然，任何一家企业，特别是规模比较大、跨度比较广的企业必须要建立这些"硬件"，没有基础的建设，一家企业是没有办法有效运行的。

不过，许多企业领导者以为只要这些基本建设做好了，企业便不会出什么大问题了。

透过架构、流程、系统等机制来指挥组织内的各层员工做事就像人类透过显意识指挥自己的每一次行为举止一样。你是知道每个决定行动的因或果的，你可以决定什么时候做或不做。

另一方面，主宰组织行为的往往是它的某些"看不见，摸不着"的东西。正如人的潜意识无时无刻不在运作，组织的潜意识也是无时无刻不在运作，并在绝大部分时间支配着组织的整体和个体的行为。正如人的潜意识虽然往往是只能意会不能描述，但它是无时无刻不存在的。企业的潜意识也是如此（见图45）。

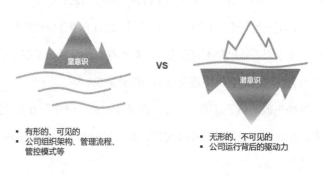

- 有形的、可见的
- 公司组织架构、管理流程、管控模式等

- 无形的、不可见的
- 公司运行背后的驱动力

▲ 图45：组织的意识。图片来自高风分析

长时间的潜意识累积会形成一个组织的惯性。这惯性会让组织的（重要）个人和群体在不知不觉中产生一些行为和因行为而产生的相关决定。表面上，有良好的"硬件"建设的组织，它的所有行为和决定是会按照已经定好的规定、流程等来操作。理论上是不会不合规的。

但组织的惯性往往驱使企业在做决定时循着一种既定的思维和方式，而往往不去反问"为什么我们会做这样的决定"。

一般人将这些组织"软件"称之为文化、价值观、氛围等。但我们觉得这些形容词不能完全解释组织在做决策时冥冥中会做出的决定。故此，我们认为组织潜意识更能恰当地描述组织这方面的特性。

正如人的潜意识无时无刻不在运作，组织的潜意识也是无时无刻不在运作。

曾经有一段时间，美国的摩托罗拉公司和柯达公司、芬兰的诺基亚公司、加拿大的黑莓公司等都被视为企业界的翘楚。它们在综合管理或细分领域管理方面都被管理界公认为佼佼者。许多其他企业，特别是后来者都想"对标"它们的管理方法，向它们学习。这类企业也花了不少资源，请了不少咨询公司帮助它们建立"硬件"。表面上，这些企业都是非常强大的。不过，之后的事各位读者都知道，这些公司今天不是已经不再存在了，就算存在也是经历了浴火重生，今天的它与过往的它已经是完全不一样的企业。

这些失败的例子证明了一点。就算企业在"硬件"方面投资了许多，显意识好像是清醒和高超的，却不能避免企业走上没落甚至彻底消失的路。

柯达不是不知道数字摄影科技的出现，摩托罗拉、诺基亚、黑莓也不是不知道苹果的 iPhone 手机的出现。但是这些公司却没有方法抵挡新的颠覆者给予它们的颠覆。它们的领导者全部没有采用任何决绝和有效的方法改变自己，来迎接新的挑战。

市场上有不少研究员、学者、咨询顾问和企业内部管理人员等对这些失败公司做了多方面的分析和调查。当然，每家公司具体的情况都不一样，参与的人也不一样，所以每家公司具体失败的原因和场景都有所不同。但依我们看来，它们的通病是它们的集体潜意识在发作，让它们在不知不觉中做出一些自己也会觉得愚蠢和笨拙的决定。但当事者在当时并不知道他们为什么会做出这样的决定。

组织集体潜意识的负面发作可以是非常恐怖和有毁灭性的。

事实上，当一个组织在"硬件"建设做得越好和旁边的人的掌声越响的时候，它的危机反而会越大。领导者们的信心膨胀了；对自己一直以来的能力自信起来了；看不到或看不起新的挑战者或颠覆技术；组织内其他的人不能挑战领导。这些负面惯性会在貌似完整、有序和有逻辑的"硬件"掩盖下形成，最后所形成的集体潜意识也会在不知不觉中指挥组织的行为和决策。

华为和腾讯的意识

在今天瞬息万变、不确定性极高的经营环境里，有机地打造适当的组织意识，包括显意识和潜意识越来越重要。最低限度，企业领导者要避免在面对危机时，组织的惯性让他不采取任何行动，而只是"如常进行"。较理想的是在危机出现之前，能防患于未然；同时，在新的不连续性机会来临之际，能有效掌握机会，跳跃发展。这种战略和组织行为的基本驱动力其实是组织的意识。

华为是一个打造企业意识很成功的例子。当华为进入虽然当时看似有诸多机会，但又竞争激烈、有着高门槛的通信行业后，任正非就清晰地认识到，华为只能通过更艰苦与更高强度的付出才能与当时的西方巨头比拼。因此，早期的华为市场都扎根于贫穷的农村区域，相对条件较差，印象上更给人在物质条件上艰苦奋斗的感觉。但华为所有艰苦奋斗的简单表象，都隐藏着内在不断的自我批判、改进提升的精神，这种思想上的艰苦奋斗有多种多样的表现形式，不断的变革就是其中一种典型表现形式。

仔细分析华为为30年的变革史，世界上恐怕找不到几家这么能"折腾"自己的大公司。任正非在1998年《不做昙花一现的英雄》中是这么说的："我们要有长期在思想上艰苦奋斗的准备。持续不断地与困难奋斗之后，会是一场迅猛的发展，这种迅猛的发展，会不会使我们的管理断裂？会不会使意满志得的华为人手忙脚乱，不能冷静系统地处理重大问题，从而导致公司的灭亡？事实上摆在我们面前的任务和使命，比以前我们重技术、重销售的时代更加重大而艰难，要全面地建设和管理我们事业的艰难度要远远大于以前的艰难度，这就要求我们干部要更快地成熟起来。管理是世界企业永恒的主题，也是永恒的难题，华为在第二次创业中更加不可避免。"

在此期间，华为做了两件事：一件是推进以奋斗者为本的人力资源改革，通过"建立一支宏大的，能英勇奋斗，不畏艰难困苦，能创造成功的干部员工队伍"不断进步。另一件事是"始终如一对待客户的虔诚和忘我精神"，不忘本地对待客户。华为思想上的艰苦奋斗，让华为顺利度过了2001年的危机，度过了2003～2005年战略性放弃小灵通的危机，直到2006年华为开始逆袭。华为因为艰苦奋斗的付出，得到了客户的回报。

另外一个在打造企业意识方面很有代表性的例子是腾讯。在腾讯公司成立 12 周年纪念日之际，马化腾写了一封标题为《打开未来之门》的邮件，发给全体员工。在这封邮件中，马化腾写道："过去，我们总在思考什么是对的。但是现在，我们要更多地想一想什么是能被认同的。过去，我们在追求用户价值的同时，也享受奔向成功的速度与激情。但是现在，我们要在文化中更多地植入对公众、对行业、对未来的敬畏"。"腾讯的梦想，不是让自己变成最强、最大的公司，而是最受人尊敬的公司。"在"成为最受人尊敬的公司"这一光辉理想的照耀之下，腾讯开始了快速的转变。腾讯接连开了 10 场名为"诊断腾讯"的专家座谈会，邀请 72 位专家批评腾讯。马化腾要求腾讯每一位高管必须至少参加一场诊断会。会上，很多专家的言论非常尖锐，但是腾讯的人不能辩解，只能默默听着。

从那以后，腾讯在公众中的名声逐渐转变。到了 2019 年，腾讯提出使命和愿景升级为"科技向善"，网络上已经没有多少嘲讽的声音，更多是严肃的讨论和期待。

组织内的相反力量

《边缘竞争》一书里，艾森哈特和布朗指出战略的本质是在有序和混沌之间的不断动态平衡（见图 46）。两种力量不只体现于经营环境和企业的战略。同时，它也体现在组织里面。

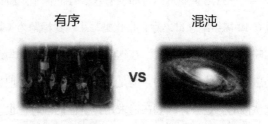

有序　　　　　　混沌

VS

在动态环境中实现多维度的平衡，无论是控制
还是释放、集权还是授权、维持还是变革。

▲图46：相反力量间的平衡。图片来自高风分析

　　在2010年他所著的《线外的领导：如何调动非正式组织、激励你的团队并获得更好的结果》（*Leading Outside the Lines*）一书里，组织设计方面的专家乔恩·卡岑巴赫（Jon R. Katzenbach）提出了正式和非正式组织的概念。正式组织是大公司在发展过程中建立的管理结构，是规则、等级制度和绩效考核等要素的理性结合。在这种组织中，大多数高级管理人员都曾接受金融、技术、运营等"硬训练"，已经学会在正式组织中自如地工作，能够熟练使用组织结构图、流程图或平衡计分卡等有形工具。非正式组织则是公司所有人文部分的结合，包括价值观、情感、表现行为、传言、文化标准，以及潜在的人际关系等，它们潜移默化地影响着每个企业。即便是最理性的经理人也必须承认，公司中的非正式组织能够产生巨大的影响力，尤其是在公司转型的过程中，例如在基层员工中意外涌现的领导者、业务单元迅速地进行自我更新和迭代等。但是，非正式组织也可能会产生一些负面影响，如暗中的反对者、焦虑和恐惧，

这些是将会阻碍工作推进的因素。

换句话说，组织内往往存在"软"与"硬"两种力量，组织建设上要达到"软"与"硬"之间的平衡。所谓的"软"与"硬"的力量，实际上就是组织建设的内在和外在作用。《边缘竞争》要求企业在行业边界改变的过程中，通过不断寻求新的战略目标及实现方法，动态地调整企业战略，优化组织结构，使其相互适应，在组织结构的"固定"和"松散"中达到平衡，寻求最佳模式并把握节奏。通过更深层因素的洞察，在保持和改进正式组织结构的同时，积极调动非正式组织，使两者保持同步，达到相反间力量的平衡。

很多企业在实践中吸取了这种思想。比如华为公司明确地指出，企业应当时刻保持自我批判的精神，以强化和稳固核心价值观。在自我批判实践的过程中，领导者的作用尤为关键，因为如果领导者不是真正地带头自我批评和反思自己的话，很少有人能真正毫无顾忌地去批判他。同时，员工作为企业的个体，也应当不断地去思考"我们做得够不够好""我们如何规避风险"等最关键的问题，也唯有这样才能避免在庞大的组织中迷失自己。这些问题虽看似简单，但如若不思考清楚，整个组织就会陷入被潜意识支配的状态，最终被潜意识拉入无尽的深渊之中。

很多时候，世界并不是非黑即白。对于商业世界而言，企业和企业的领导者经常会面临很多的不确定性和不可预知性，企业的领导者就是在灰度空间内生存。华为的任正非就明确指出，他只能确定公司的大方向是正确的，具体长远的战略其实有时候是不清楚的，公司只能在"摸石头过河"中前进。

华为推崇灰度哲学，信奉"合二为一"而不是黑白两立的"一分为二"，既对未来的大方向保持准确把握，也对行动路径上的选择不强求唯一，不断地强调开放与妥协，崇尚合作精神与前瞻的建设性。任正非还在华为内部提倡打造红蓝两军，在相互批判对立中达到竞争的平衡。实际上，这正是整合思维领导者的高明之处。

获得这种在对立中统一的能力不是一件容易的事情。美国对冲基金桥水公司（Bridgewater）的领导者瑞·达利欧（Ray Dalio）就对人的认知方式有很深的体会。他将人的自我认知分为"有逻辑和有意识的你"与"情绪化和潜意识的你"，他在《原则》（*Principles*）一书中描述，会定期让基金的投资经理聚在一起，在没有干预的氛围里就国际形势进行讨论甚至激辩。达利欧的目的就是希望通过这些不断的讨论，激发投资经理们的思想，培养他们对事物进行分析的态度和方法论。

正如我们前文所述的，显意识与潜意识在不断斗争。实际上，大多数人都难以驾驭显意识和潜意识的相互斗争，因为这意味着自己对自己开战，既要保持旺盛的追求更高层次的热情，同时也不陷入无谓的低效付出中。只有不断说服自己将潜意识推到前台，潜意识才会真正发挥越来越大的作用。

从学习型组织到适应型组织

企业的变革与转型需要以企业意识的转变作为基础。企业领导者的工作应在建立良好的集体显意识之余，引导良好的潜意识。

学习型组织

和个人需要成长型思维一样，组织拥有成长型思维，就会自然向学习型组织靠拢。说到学习型组织，就不得不提到阿里·德赫斯（Arie de Geus）和彼得·圣吉（Peter Senge），他们一位是提出这个概念并广泛传播的，一位是提出理论如何实践的。

德赫斯是长寿公司模式的创造者，在其著作《长寿公司》（*The*

Living Company）一书中，他将公司分为两类，即经济型公司和学习型公司。经济型公司追求利益最大化，其中员工与企业的关系是传统的契约关系，企业出钱换取员工的劳动力。学习型公司以企业的长远发展和社会的高度满意为目标，努力与企业在企业价值、目标、管理模式上达成一致，努力使企业拥有源源不断的生命力。

《第五项修炼》（*The Fifth Discipline*）的作者圣吉也意识到了学习型组织的重要性。他对学习型组织的定义是："那里，人们为了创造自己真心渴望的成绩而持续拓展能力；那里，各种开阔的新思想得到培育；那里，集体的热望得到释放，那里的人们不断学习如何共同学习。"

《第五项修炼》认为建立学习型组织需要做到：建立共同愿景、团队学习。共同愿景是个人、团队、组织学习和行动的坐标，能为组织的学习聚集能量。当人们致力于实现共同理想、愿望和愿景时，将会自觉地进行创造性学习。团队学习的基石包括建立团队意识与激发深度会谈。激发团队意识，让团队成员互相信任，都保持对其他成员的清晰意识；在行动中相互依赖，互补互助；意识到每一个团队成员都将对其团队起到影响作用。激发深度会谈，对复杂和微妙的问题，要有自由地、创造性地探讨；讨论者要临时忘记自己的观点，相互深度聆听。在深度会谈中，反思大脑中的精微含义，捕捉更多关键的信息，激发更高的创造力。

《下一个倒下的会不会是华为》一书中提到，建立学习型组织，还需要做到开放。组织应持完全开放的态度，乐于学习，不断进步，改良自己的组织架构；称竞争者为"友商"，认为企业的发展得益于良好的市场竞争。1982 年，壳牌公司所做的报告发现长寿公司四大特点之一是对未知、对外部世界有开放的态度，承认自己有不足之处，承认自己需要学习，有很多问题其实并没有答案。

适应型组织

但达到德赫斯和圣吉所提出的学习型组织是不够的，因为在他们所提出的学习型组织里，没有重视外部环境对组织的影响。近 20 年来的大趋势，如全球化、原有科技可延续性的升级，以及前文提到的一些机会（市场的重定义、从边缘到核心、技术的新场景、新一代的消费者等）都需要企业进行调整，从而在动态的环境变化中客观判断企业发展的需要，寻求在历史的长河里留下来。

所以，在 2000 年，德维·扬科维奇（Devi Jackowicz）在论文《从'学习型组织'到'自适应组织'（From `Learning Organization' to `Adaptive Organization'）》中提出了他的观点：他认为学习型组织的概念是基于在复杂、变化、动荡的环境中，组织要应付、解决环境现存的问题，要有能力改变自己；而学习是任何旧行为的改变，适应才是成功的学习。可见，扬科维奇对于学习型组织的定义超过了学习的范畴，更为宏观地看待组织与环境的相互作用。其实他的理论已超越传统意义上的学习型组织，与有韧性的组织更为相似。

有韧性的企业

建立和维持清晰、良好的意识让企业可以避免做愚蠢的、错误的决定和尽量选择正确的道路。久而久之，企业便能建立一种内部的韧性。尽管受到外界的挑战和面临巨大的改变和不确定性，企业并不轻易倒下，相反可以坚韧地站立起来。

有韧性的组织

当今时代就是一个黑天鹅事件频发的时代。黑天鹅事件是非常难以预测，且不寻常的事件，通常会引起市场连锁负面反应甚至颠覆市场。世界充满不确定性，因为它是被一个个无法预测的黑天鹅事件所推动的。比如 2008 年的金融危机、"9·11"事件等。

这些黑天鹅事件往往具备三个特征：一是其不可预测性。没有人知道世界正在发生什么，将要发生什么；二是影响重大。社会中黑天鹅事件的发生往往会对商业社会，乃至整个人类社会造成重大的影响，而这种影响往往是极大的；三是事后具有可解释性。黑天鹅事件是有规律可循的。

为降低甚至避免黑天鹅事件对企业造成的负面影响，企业需要培养其韧性。在探讨韧性的话题之前，先来回顾一下有韧性组织的相关知识内容。

洛克菲勒基金会的主席朱迪斯·罗丹(Judith Rodin)认为"韧力"对企业的发展尤为重要。在她的《应变力红利》（ *The Resilience Dividend* ）一书中，她用有觉悟、多元化、综合、自我调节、有适应力 5 个维度描述了有韧性的组织。2004 年，博思艾伦公司的加里·尼尔逊（ Gary L. Neilson ）、布鲁斯·帕斯特纳克（ Bruce A. Pasternack ）和德乔·门德斯（ Decio Mendes ）在《战略与经营》（ *Strategy+Business* ）管理杂志上发布了一篇名叫《组织 DNA 的七种类型》（ *The 7 Types of Organizational DNA* ）的文章。根据他们对于大量企业组织行为的分析和研究，他们认为企业组织的 DNA 可以归纳为七类：韧力调节型企业、随机应变型企业、军队型企业、消极进取型企业、时停时进型企业、过度膨胀型企业、过度管理型企业。其中，前三类企业被认为是健康的企业 DNA，后四种被视为不健康的企业 DNA（见图 47）。

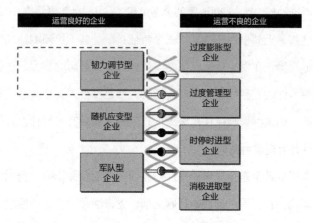

▲图 47：组织的 DNA。资料来自高风分析

这其中，最为优秀的企业类型是韧力调节型企业。这类企业非常灵活和具备前瞻性，能迅速根据外部市场变化进行调整，始终坚持清晰的经营战略，并围绕它开展业务。它能够吸引积极进取、具有团队精神的人士，不仅向他们提供催人奋进的工作环境，还提供有效解决各种问题所需的资源和权利（见图 48）。

- 适应力强、富有创新力与前瞻性，尤其是具备"反脆弱"基因
- 能快速、灵活地应对外部市场环境的变化
- 能始终坚持清晰的经营战略，并围绕它开展业务
- 具有前瞻性，能经常预测未来的变化，并未雨绸缪
- 能够吸引积极进取、具有团队精神的人才，并为他们提供催人奋进的工作环境
- 能够给予员工资源和权利，让他们有效地解决各种棘手的问题
- 拥有多样化的能力，具有包容和持续共生的生态系统

▲图 48：组织的韧性。资料来自博思艾伦分析

232

2010年，哈佛商学院教授兰杰·古拉蒂（Ranjay Gulati）提出"组织韧性的四个层次"。他指出，不同组织的韧性可以从低至高分成四个层次。第四层韧性组织可定义为："能够围绕客户需求，整合内部和外部伙伴的资源，并能够提出解决方案，而非简单的产品和服务，甚至能够根据客户需求重新进行自我定义。"

古拉蒂以苹果公司作为第四层韧性组织的代表案例。比如，为了满足用户对直观、简洁的操作以及丰富应用的需求，苹果公司与AT&T（美国电话电报公司）合作，在iPhone上开发了可视化语音邮件，简化用户注册流程；并与第三方公司合作开发了超过10万款应用。

华为的一些管理哲学也给我们带来经验与思考：对外，华为要在竞争中找到与"友商"们的动态平衡，比如区域格局上各厂商的平衡、客户的平衡、产品优势方面的平衡等，这样才能形成一个健康稳定的产业环境，实现多赢；对内，华为则要在坚持自己核心价值观基本原则的基础上，采用非常务实、通权达变的丛林智慧。在解决问题上，要学会妥协，即使现有阶段没有最优的解决方法，但在更好的方法出现之前，也是最好的方法。

在2019年6月份的《战略与经营》杂志上的一篇名为《如何打造颠覆性战略飞轮》的文章里，桑德尔·苏布拉曼尼亚（Sundar Subramanian）和阿南德·饶（Anand Rao）提出了韧性组织所需的三种特性："一是不断感知和适应市场的变化，并通过清晰的思考模型，不断进行尝试，甚至做出赌注，让企业能够应对不同策略决定下可能出现的场景和可期待的结果；二是发展强化的因果反馈机制，并不断根据该框架测试、放弃或修改想法。在颠覆性的市场趋势出现时，这种机制能够提供巨大的优势；三是关注 WTP（Way to Play，即"打法"），通过一套能力驱动的战略，扩展与其相关的能力体系，并根据动态反馈的需求来扩展和完善业务模型。"

正如腾讯的经营理念从封闭、独占，逐渐变成了开放、共享，其最根本的原因也是为了提升企业的韧性。马化腾在 2015 年 3 月中国(深圳)IT 领袖峰会上比喻腾讯在开放合作上心态转变时说道："过去确实有很多不放心，出于本能，很多事情都想自己去做。现在我们真是半条命，我们把另外半条命交给合作伙伴了。"原来的腾讯，做搜索、做电商，走一切能走之路，让别人无路可走。后来，腾讯把搜搜给了搜狗，把拍拍网给了京东。它没有把搜狗和京东打死，反而投钱、给流量，让它们做得更大。腾讯还建立了产业共赢基金，先后投资美团、滴滴、拼多多、知乎等一切能投的公司，并把微信和 QQ 的接口开放给它们使用，让它们能在巨大的流量支持下快速成长。通过把不同的业务交给不同的生态系统合作伙伴，从而构建了自己庞大且有韧性的外部生态，更好地支撑企业内部的韧性。

建立"反脆弱性"

要培养企业的韧性，其中很重要的一点就是培养企业的"反脆弱性"。在危机发生之前，一方面需要进行风险的预判；另一方面需要对组织进行培养，以使其有足够的反脆弱能力，去抵御可能发生的潜在黑天鹅事件。华为的"备胎计划"实际是对潜在的黑天鹅事件的防御。

黑天鹅效应告诉我们，非常不可能发生和无法预测的事件，存在于世界上几乎每一种事物之中。纳西姆·塔勒布的《反脆弱》（*Antifragile*）一书更力陈不确定是件好事，甚至十分有必要。书中建议我们以反脆弱的方式建立各种事物，因为"反脆弱性"早已超越坚韧或强固——坚韧至多只能够抵抗震撼和维持原状；反脆弱则会变得愈来愈好。

建立"反脆弱性"需要充分了解它的核心理念和步骤。

我们设计的生活模式，应当在各种意外发生之后，不但不会在风险中受损，反而还能从中获得额外的收益。也就是说，承认意外发生的必然性，通过冗余备份来直接应对，不仅能避免受损，甚至还能从中获益。

反脆弱的核心理念是非线性。非线性会导致因和果之间呈现出不对称性。所谓不对称性，即付出的代价非常小，而潜在可能获得的收益却要大得多的现象。借助非线性导致的不对称性原理，可以应对各种不确定性。利用"反脆弱性"，让自己避免这些损失，甚至从混乱和不确定中获利。建立"反脆弱性"至少需要三个步骤。

第一步，通过减少不利的因素——如减少自己暴露在致命风险当中的概率来降低脆弱性。在生活中避免暴露在负面黑天鹅事件当中，也就是尽量不让自己陷入收益与付出代价不成正比的情况中。对于个人而言，这意味着尽量避免从事高危行业；对于企业而言，这意味着避免冒险，保证活下去。

第二步，利用杠铃策略增强"反脆弱性"。既让自己避免出现在负面黑天鹅的事件中，又想办法让自己拥有正面黑天鹅的收益——也就是说，把大部分的资源投入到最安全的领域，小部分的资源投入到那些损失可能很低，但是带来的收益却无限的具有不对称性的事件当中，这样的资源分配才能让我们对不确定性有更多的应对能力，甚至从中受益。

第三步，主动理性试错。在正面黑天鹅的领域中，理性积极地试错，控制损失的成本，用最小的试错的方式不断增加自己在不确定性事件发生时获益的概率。

平台生态系统是有韧性的企业的主要形态。"前生态系统"阶段中，对于组织韧性的分析和研究主要还是从单个企业角度来看的。今天我们已经习惯了生态、平台等组织概念。生态和平台是大组织韧力的重要来源。换句话说，组织的能力判断和建设已从立体、多维方面进化。有韧性的企业通过平台、生态系统提高自身能力的同时，企业自身的韧性也得到提高。有韧性的企业能够围绕客户需求，整合内部和外部伙伴的资源，提出解决方案。

任何企业，作为由自然人组成的组织，都有其独特的意识，意识决定了企业的每一个行为与决策。企业可以通过学习、适应等方式去培养良好的企业意识，让企业达到有韧性的状态。而领导者在这其中扮演着非常重要的角色，我们将在下一章对于这部分进行详细阐述。

第 10 章

Mindfulness（觉醒性）和领导力

▶

当葡萄牙的舰队跨越大洋来到印度的时候，他们对印度一无所知。事实上，在大航海时代的整个过程，甚至以后的很长时间里，来自西方的探险家和征服者对东方都抱有很深的误解。这种认知上的不平衡造成了激烈的冲突，很多时候以悲剧结尾。那些依靠舰队、航海图和火炮开拓新边界的人们，没有想过他们试图征服的，是东方那些有着几千年历史的文明。

然而，几个世纪过去了。曾经意气风发的葡萄牙退回了原点，往日的荣耀只存在于巍峨的热罗尼莫斯修道院和贝伦塔之中。但印度，不但依然存在，而且正在为世界提供着来自东方的智慧。

历史是多么的吊诡啊。

来自印度的领导者

2019 年 12 月 3 日，谷歌两大创始人佩奇和布林宣布，分别卸任谷歌母公司 Alphabet CEO 和总裁职务。现任谷歌 CEO 桑达尔·皮查伊（Sundar Pichai）（见图 49）将同时兼任 Alphabet CEO，总裁职务将被取消。

1972 年，皮查伊出生在印度金奈，在印度典型中产家庭长大，他是一名品学兼优的学生。2004 年皮查伊加入谷歌，成为一名产品经理，负责包括 Chrome（谷歌浏览器）、Chrome OS（一款 Google 开发的基于 PC 的操作系统）和 Google Drive（谷歌公司推出的一项在线云存储服务）在内的软件产品的创新工作。2015 年 10 月 2 日，皮查伊履新谷歌 CEO 一职。如今 2019 年 12 月 3 日，他成为 Alphabet 的 CEO。

▲图 49：皮查伊

在 Alphabet，皮查伊仅用 15 年的时间就从一名产品经理升至了 CEO！他应该是现代最完美诠释"美国梦"的印度人。其实，皮查伊就是不少印度人在硅谷、在美国乃至世界的一个缩影。

放眼全球，在各行各业成功人士中印度裔占了很大的比例：美国著名记者、时事评论家和作家法里德·扎卡利亚（Fareed Zakaria），国际货币基金组织首席经济学家吉塔·戈皮纳斯（Gita Gopinath），特朗普政府的前驻联合国大使尼基·黑莉（Nikki Haley），百事可乐 CEO 英德拉·诺伊（Indra Nooyi），不胜枚举。

能够在西方争取到较高社会地位的印度人普遍有以下几个特征：他们擅长辩论，而且往往在之前没有任何准备，在不经意间便能做出深入浅出的辩解；他们不会害怕在"权威"或资历较深的人面前发表自己的言论和观点；他们善于在复杂情况中进行归纳和最后简化的总结；他们在语言能力，特别是英语方面很强；他们很能说，更重要的是他们的讲话方式非常精巧，辞藻丰富，对听众有强大的感染力；一部分学习了英国人的"幽默感"，容易被西方人士接受。

为什么印度人能做到这几点？许多人说是因为印度曾经有数百年是英国的殖民地，所以他们的英语能力高，而因此他们在欧美比较容易成功。这当然是必要的条件，但并不是充分的理由。

事实上，这些行业的领导者之所以成功，和他们的文化背景有深刻的联系。

印度是一个文明古国，从远古开始印度人就对"我们究竟是谁"这个问题进行着不断的探索。这是当地的地理、气候和人种的迁徙而造成的。他们通过重复冥想和其他的方法来对人类内在的智慧进行探索。长此以来，逐渐形成了他们对于抽象、复杂的问题不断验证和通过不同的方式特别是语言表达出来的能力。

印度的梵文在描述精神软性现象方面，如认知（cognition）、意识（consciousness）、觉知（perception）方面的范畴有着非常细致的描述和解释。同时因为这些软性的现象大多数都不能以当时（和现在）的科学来解释，所以不同人或团体便需要通过辩论来说服其他人或团体，他们自己修炼的方法是最为正确的。久而久之，印度人形成了一种在抽象、复杂和高度不确定性中沟通的精致能力。他们一方面要充分解释感知上的每一点，但也需要全面地系统性地做出总结。

后来印度被英国殖民之后，印度人逐渐学会了将他们之前数千年来积累的能力使用英语来沟通。英语在描述精神软性方面的精细程度虽比不上梵文，但也不差。许多人说，印度人的英语能力比许多以英语为母语的人更强，这主要是由印度人历史长流中积累的文化基因形成的，而语言只是此基因表达的工具而已。

印度独特的文化，为我们探讨领导力提供了丰富的背景。

领导者与领导力

真正优秀的领导者应当具备哪些能力？许多学者从不同的角度做出分析。

比如詹姆斯·库泽斯（James Kouzes）和巴里·波斯纳（Barry Posner）的《领导力》（*The Leadership Challenge*）一书试图对此进行回答。他们从**领导者与组织的关系出发**，认为优秀的领导力需要五条共性能力：以身作则、共启愿景、挑战现状、使众人行与激励人心。

第一项是以身作则。领导者的行动实际上是组织最有效的意识牵引。有数据显示，"当领导能以言语和行动向其团队表达自己的领导哲学时（排名前 20%），其团队对组织的自豪感、组织的努力、成功的意愿整体比那些不能做到的领导者（排名后 20%）高出110%。"当领导者自己有意识地为其他成员做表率的时候，实际上必须拥有自省的能力，以不断了解和更新自己的领导哲学和核心价值观。

第二项是共启愿景。领导者需要向下属描述希望实现的蓝图、描述组织的未来会是什么样子。数据显示："在这两种领导行为评分前 10% 的领导者中，他们有 73% 的直接下属表示'强烈同意'会更努力地工作，如果工作需要的话，也可以工作更长时间。"圣吉在《第五项修炼》中也将共启愿景列为组织不可缺乏的一项修炼。他在书中举例，马丁·路德·金（Martin Luther King）每次演讲都富有感召力，能够带给听众希望和激情。因为"他的演讲涉及每个人——这个国家的不同人群、各个年龄层次、男人和女人、各类宗教派别。"他的法宝有：将"我"换成"我们"，给大家设定"共同的利益"等。通过对未来畅想共启愿景，成功感召他人，用听众"看得到、摸得着"的希望和未来，引导听众向着目标前进。

第三项是挑战现状。对于每个当下的情况要保持怀疑，通过不断改变自己，促使变革发生。当今时代，外部环境不断变化，需要领导者不断地去挑战现状。同时，领导者自身需要主动去改变现状，以实现更大的发展。比如塞尔吉奥·马尔乔内（Sergio Marchionne）上任菲亚特的 CEO 后实施了几次并购，就是自己主动出击，补充自身的实力，从而使企业获得了更加具有生命力的组织形态。

第四项是使众人行。单靠一个人的力量，伟大的梦想无法变成现实。实现梦想需要靠团队的努力，要有精诚的团结和稳固的关系，要有非凡的能力和沉着的决心，还要有集体的合作和个人的责任。詹姆斯·库泽斯和巴里·波斯纳研究几千名领导者的事迹后发现，领导者使用"我们"的频率是使用"我"的三倍。当人们获得信任，拥有更多的信息和授权时，他们就更有可能全力以赴地创造非凡的成果。

第五项是激励人心。领导者工作的一部分就是要表彰人们的贡献，在组织中通过创造一种庆祝的文化，集体庆祝价值观的践行和团队取得的胜利。以一种发自内心的、真实的方式来举办庆祝和仪式，就会建立起一种强烈的集体认同感和团队精神，可以帮助一个团队度过非常艰难的时期。

另外一些学者重视**领导者的个人风格**。毫无疑问，成功的路径并不单一。因此领导者的能力也是动态发展的。领导者的思想和工作方式，或者说领导风格的差异对组织会产生巨大的影响。

根据伯纳德·巴斯（Bernard Bass）和布鲁斯·阿沃里奥（Bruce Avolio）的研究分析，不同类型的领导风格将产生不同的领导者：被动型领导、交易型领导、变革型领导。当领导风格从被动型领导向变革型领导改变时，领导者的领导力就会不断提高。

所谓被动型领导就是放任自由，让员工自己做决定，领导者不承担决策的责任。交易型领导就是利益交换，领导者和部下建立一种契约式的交易关系，领导负责满足部下的需要和愿望，而部下则按照领导的指挥完成任务。而变革型领导则是共同实现价值，带领追随者追求更高层次的需求与更长期的目标愿望。相比而言，变革型领导更加注重引导下属建立共同的组织价值观，从而超越流程化、功利化的交易关系。

当然，变革型领导还有四个方面的特质是其他两种领导所没有的。

第一个是理想化影响力。理想化影响力就是通过个人魅力使下属产生信任感、追随感和认同感。当领导者自身的能力、实力和道德伦理标准非常高时，就会自然而然地受到下属的爱戴和信任，他们会崇拜和追随此类领导者的活动和行为。当这些领导者确立愿景和目标时，下属会坚定执行其确定的规划方案，并对事业可能取得的成就寄予厚望。

第二个是鼓舞性激励。所谓鼓舞性激励就是领导者表达信任，让下属为团队梦想进行践行。实践过程中，领导者往往运用团队精神和情感诉求来凝聚下属的努力，实现团队目标。领导者通过表达对下属的高期望值，让下属获得激励，产生更高的工作效益，从而使团队整体效益获得增长。

第三个是智力激发。即通过智力、方法、流程等途径来武装下属，使下属能够更好地完成任务。领导者不仅要告诉下属"自己行"，还要告诉下属"自己能做什么"，甚至更多时候要教给下属新的观念、新的见解、新的手段、新的方法。在不断引导下属挑战自我、进阶提升的过程中，使下属在意识、信念和价值理念上与组织保持一致，也产生正面的促进作用。

第四个是个性化关怀。也就是说，要关注每一个下属的需求、意愿和能力，然后有针对性地教育、培养、训练、关心和成就下属。好的领导者不仅能让下属完成组织任务，更能够成就下属自身的发展需求，让他们在应对各项任务的过程中获得持续成长。

一般的领导者倾向于表现出交易型领导的风格，但更有效的领导者倾向于表现变革型领导的风格。杰弗里·施瓦茨（Jeffrey Schwartz）、乔西·汤姆森（Josie Thomson）和阿特·克莱纳（Art Kleiner）撰文指出，变革型领导与交易型领导风格之间的关系体现出心理活动的两种模式，即"高路"和"低路"。"低路"对应的是"且行且珍惜"的即时反应，比如为达成交易的短期目标而进行决策所涉及的思维活动模式。"高路"对应的是长期动态反应，是基于长期生存能力在更大范围内与更长期的目标中决策所涉及的思维活动模式。

要想成为更好的领导者，就需要拥有"高路"思维模式，因为越是重要的领导者，负责的决策内容也更加重大，领导者越需要跳出眼前来看长远，具有前瞻性地做出预测和对未来的反应。

在这个基础上，一些学者更进了一步，把重点放在了领导者的思维模式。

罗杰·马丁（Roger Martin）在其著作《整合思维》（*The Opposable Mind*）中首次提出了"整合思维"这一概念，并强调杰出的领导者应该"有倾向和能力在脑海中共存两种或多种完全不同的想法"，并且"不会简单地选择其中一个选项，而是冷静思考，综合相反的想法后得出更好的结论"。

当然，在马丁提出整合思维的概念之前，很多学者对相关思想都有研究。60多年前，美国著名作家菲茨杰拉德（F. S. Fitzgerald）就曾提到过这样的观点："一流智慧的检验标准，是有能力既在脑中同时具备两种相反观念，又仍然维持正常行事之能力。"他将这种整合思维能力归因于天赋。然而整合思维只是少数人的幸运天赋吗？不尽然。马丁认为这种能力可以通过后天的锻炼习得，他认为它是一种"思维习惯"，所有人都可以有意识地去培养、训练自己探索创造性解决方案的能力。

马丁认为，整合思维的领导者在进行决策时会寻找多种假设，容忍并鼓励针锋相对的观点。在遇到对立的想法时，他们不会选择其中一个想法，而是通过融合并超越现有想法，形成更具创造力的新的解决方案。为此，马丁提出了整合思维的四个步骤：第一步是保持开放，对思考中的新想法持开放态度，直面由此产生的复杂事实。第二步是明确因果关系，接受可能的多维度和非线性关系。第三步是建立全局观，纵观全局也着眼细节。第四步是建立决断力，有技巧地解决冲突。

面对不断变化的内部及外部环境，领导者需要拥有且不断修炼提升自己的整合思维能力，从而引导员工做出调整，以应对这些变化。在《组织的意识》一章中，我们提出组织中的两种力量，而整合思维的修炼能让领导者引领员工达到相反力量的平衡，我们也将在下文对如何平衡相反力量进行介绍。也就是说，理性地处理一些事情，在不确定的情况下，处理很多非理性的东西，在平衡的同时沉淀并预判未来。

企业的修炼

心理学家（和神经学家们）通过大量的研究证明了人的潜意识

是可以被改变和塑造的。实际上，冥想的练习就是以经常性方法来调整人们的潜意识，并使其得到改变。不少冥想都是通过经常性地想象慈悲、感恩、大爱和接受宇宙力量来激发人类内在的潜能、散发正面的能量和调整潜意识。

透过冥想人类也可以建立更清晰的思维，在潜意识中对世上事物更能保持清晰的思想，更具逻辑性和较不容易人云亦云。

既然人类可以改变和调整自己的潜意识，企业也可以改变和调整自己的潜意识。人类可以透过自我修炼来调整自己的潜意识，企业也可以透过修炼来达到同样的目的。

我们认为为企业打造良好和清晰的意识（包括显意识和潜意识）是企业领导者重要的任务之一。当然，良好的领导者必须自己在这方面有足够的认知才能领导企业做好这方面的工作。企业领导者必须避免企业陷入一种无知、负面、过度自负或过度自卑、浑浑噩噩的潜意识状态。假如不幸进入了这样的潜意识中，就算企业表面上好像十分风光，"硬件"齐全，甚至被其他人奉为"神明"，但当重大的断层 / 非连续性出现的时候，它们往往不能从惯性的潜意识中自拔，清晰地选择正确的道路，最后达到很不利的结果。柯达、摩托罗拉、诺基亚、黑莓等案例归根到底是因此而发生的。

企业的修炼是让企业意识保持高度清醒的重要手段。

Mindfulness 与领导者的修炼

让我们回到印度。

当越来越多的领导者关注自己的思维模式，并且更多地意识到世界的复杂、目标的不确定和战略的灰度时，他们就开始更多地反思以往思维的局限，并从来自东方，特别是印度的文明中汲取营养。

Mindfulness 是一种来自东方，又经过西方科学洗礼和锤炼的思维方式和方法。它从个体对世界的认知出发，致力回归事物的本质，这与"战略第三条路"适时、连续跳跃的思维高度契合。在我们看来，它是许多领导者成功的秘密，也将是许多未来领导者思想成长的必经之路。

Mindfulness 的概念来自印度。其源头距今有三四千年的历史。

在古老的印度教和佛教中，它一直与禅修、瑜伽等联系在一起，是修行者认识自我、寻求觉醒，并与外部自然世界达成和谐的重要方法。

Mindfulness 本意为用清晰的思维去思考事情，时刻处于一种清醒的状态。它是指**有意识的觉察，以一种特殊的方式集中注意力，有意识地、不做评判地专注于当下**。在中文里，Mindfulness 常被译为"觉醒性"，这个翻译并非完全准确，更准确的含义应是"用心来做事"。

20 世纪六七十年代，当年轻人对西方社会深感失望的时候，很多人都去印度寻找精神寄托，这些人中包括乔布斯（见图 50）。在《乔布斯传》里有记录这样一段乔布斯谈自己禅修时的感受："如果你坐下来静静观察，你会发现自己的心灵有多焦躁，如果你想平静下来，那情况只会更糟，但是时间久了之后总会平静下来，心里就会有空间让你聆听更加微妙的东西。这时候你的直觉就开始发展，你看事情就会更加透彻，也更能感受现实的环境。你的心灵逐渐平静下来，你的视界会极大地延伸。你能看到之前看不到的东西。"

▲ 图 50：乔布斯迷恋印度哲学

251

真正将 Mindfulness 从东方带到西方的，是麻省理工学院毕业的，麻省大学医学中心的教授乔·卡巴金（Jon Kabat-Zinn）博士（见图 51）。他在上大学的时候就对禅修产生了强烈的兴趣，并成为一名禅修导师。1979 年，他开始在麻省大学医学中心开设 Mindfulness 诊疗，为严重身心疾病的患者开设为期 8 周的 Mindfulness 课程，并用现代科学的方法对效果进行监测。在严格的临床数据的支持下，Mindfulness 训练的效果得到验证，其名声也逐步走向社会，并激励了一代人对 Mindfulness 进行研究和推广。

▲图 51：卡巴金博士

卡巴金创立的 Mindfulness 减压基于禅修的训练方法，帮助参与者树立 Mindfulness——专注于每一个当下，不带批判的觉性，以使参与者学习利用 Mindfulness 面对和处理生活中的压力与自身疾病。这是被物质追求所困扰、深陷焦虑的现代人迫切需要的。因此到了今天，越来越多的人开始学习和实践，特别在硅谷等经济发达的地区。

近年来，随着 Mindfulness 的普及和影响力的扩大，不少企业开始关注如何利用它来提升整个企业的效率，其中不乏谷歌、领英和福特等我们耳熟能详的西方企业。Mindfulness 已经愈来愈多地渗透进这些西方领先企业的运营与管理中，并彰显其显著的效应。Mindfulness 能提升人的专注力、组织的开放度，并让人自我觉知，从而产生良好的正面影响，譬如带来平静、降低焦虑感、改善情绪和幸福感。正因为这些领导者意识到了 Mindfulness 的好处，他们纷纷将其在组织内部推广。持续学习 Mindfulness 可以提升员工们的心智容量，发展原认知力。这样，他们才能专注于当下所经历的事务与身处的环境，更好地参与工作。

《哈佛商业评论》的一项实验表明，在团队成员参与了 Mindfulness 的训练后，表现出更高的团队觉知及降低团队成员的关系冲突，团队成员更不容易将项目上的冲突升级至关系冲突，他们也更加能将讨论的重点放在探索事实和想法，并避免冲动的判断。

然而，Mindfulness 的价值并不仅仅在于帮助团队提高效率。Mindfulness 训练的，是一个领导者所必须具备的能力。

它训练了领导者的思维能力。原力觉醒性领导实验室创始人陈立伟在其著作《正念领导力：激发活力和潜能的领导智慧》一书中提到了他对于觉醒性（即我们所说的 Mindfulness）的理解。他提及，觉醒性有两大核心要素：注意力和态度。如今，我们时常要对大量的信息进行分析，超负荷的信息和开展多重任务的工作模式侵占了我们的注意力，而注意力的缺失导致人们缺乏深度思考和深度体验，无法形成洞见，也无法将信息和知识转换为能力。因为要做到时刻专注于当下的最大挑战实则来自人们对当下的态度。与此同时，在遭遇挑战时，保持正面积极的态度，不被情绪绑架，拥有清晰的头脑去做出最佳决策变得十分重要。

它帮助领导者建立与周围事物的关系。《正念领导力：激发活力和潜能的领导智慧》一书中有个案例很有意思。在纳德拉接替史蒂夫·鲍尔默（Steve Ballmer）成为微软的新任CEO时，他说道："微软为什么存在？我为什么担任这个新的角色？这是任何一个组织中的任何一个人都应该自问的问题……每一个人、每一个组织乃至每一个社会，在到达某一个点时，都应该点击刷新——重新注入活力、重新激发生命力、重新组织并重新思考自己存在的意义。"

为了更好地回答这些问题，纳德拉接受了心理学家、Mindfulness专家迈克尔·热尔韦（Michael Gervais）的辅导，在一次访谈中，他提及自己每天醒来的第一件事，便是花90秒进行Mindfulness训练，他认为Mindfulness训练让他能够更好地感受到自己和整个世界的联系。

甚至，Mindfulness的理念和一个优秀的领导者的决策思维密切相关。还记得下面这段话吗？

"那么，战略应该如何制定呢？作者认为应该分三步走。一是建立公司的发展战略观。明确公司的大方向和定位，**但不对具体的**

行业发展做出简单判断；二是不断进行**低成本的探索实践。这一条是关键**；三是对未来持续研究和关注。"

这是第 5 章里我们引用《边缘竞争》的观点。这正是 Mindfulness 所说的：**不加评判地关注当下。**这也正是"战略第三条路"中企业跳跃时应采取的态度。不是因为缺乏安全感盲动，也不是因为自满而不动，而是像豹子一样，关注当下，冷静观察，随时做出跳跃的决定。

大道至简，殊途同归。

最后，它可以超越个人，帮助领导者打造整个企业的组织意识。

正如我们之前所提到的，组织是有意识的。领导者领导一个组织的关键是领导其思想。思想是如何建立起来的？它是通过长时间对周围的事物做出观察、分析而出来的，没有任何捷径。通过第一原则的分析，了解事物的本质，而不人云亦云。同时通过适当的分析框架和架构将众多的信息点系统性地整合到面上，甚至立体或超立体。本来貌似无序的数据突然好像变成有序了。

企业领导者的工作就是在建立良好的集体显意识之余，也要引导良好的潜意识。显意识的建立比较容易，因为它是关于"看得见、摸得着"的东西。潜意识的引导比较复杂，因为它是关于"看不见、摸不着"的东西，需要时间和技巧，潜移默化。领导力的意义就在于让组织要经常保持清醒的意识的状态，而不是人云亦云。

当今社会，这种集体潜意识的情况比比皆是，人人都在围观，好多人都在发表一些言论，但他们大多数并不清楚自己在讲什么，只是追随大流，人云亦云。如果组织和组织的领导者长期处于这种状态，那么组织将会陷入一种很危险的境地，在这种情况下做出的决定往往不一定对组织的长远利益有好处。

企业需要在意识的推动下进行"修炼"。而领导者的责任，则是带领整个企业在清醒的意识下进行修炼。企业的"修炼"可以通过三种方式来达成：领导者与组织内部的沟通、集体学习与Mindfulness 的练习。

通过这样的修炼，成功的领导者可以超脱单一的企业、机构、组织，而转向更高的追求。越来越多的企业家把社会责任视为目标之一，就是因为他们看到的不仅仅是自身的商业利益，还有更大的社会利益。

对于企业来说，Mindfulness 并非高深莫测的概念，"用心来做事"即保持清晰的意识，在清醒的状态下做事。对于企业来讲，领导者的作用非常关键。企业的领导者需要带领整个企业进行 Mindfulness 的训练，确保整个组织在保持清醒的意识的状态下做事，并不断地问自己"我们是谁？""我们要达成什么样的目标？""我们的追求、战略与愿景是什么？""我们需要做什么？"等最基本的问题。

这些问题虽看似简单，但如若不思考清楚，整个组织就会陷入潜意识支配行为的状态，最终被潜意识拉入无尽的深渊之中。作为企业的个体来说，也应当不断地去思考这些最基本的问题，保持清醒的意识，这样才能避免其在庞大的组织中迷失自己。

组织的修炼源于个人的修炼，从大航海时代的冒险航海，到现代社会的商业修炼，都离不开人与组织的意识，而人和组织也需不断修炼来提升自身的悟性。

这是几千年以来文明积累下来的结晶，也是一不可逆转的趋势。

后 记

当达·伽马到达印度时，他打开了黄金和香料之路，也看到了印度的古老文明。几百年过去了，究竟谁赢了？

大航海时代，葡萄牙建立了葡萄牙帝国，成为欧洲第一个崛起的海洋性全球大国。殖民时代，葡萄牙的殖民地包括非洲的安哥拉和莫桑比克，美洲的巴西以及亚洲的果阿、马六甲和澳门。理性时代，葡萄牙慢慢地衰退，被荷兰和英国等其他欧洲大国排挤到边缘。到1999 年澳门回归中国，葡萄牙帝国正式宣告结束。在葡萄牙的故事里体现出西方以物质实力为基础的思维模式，在后来的几百年间以理性主义推动科学的进步，但也直接在 20 世纪掀起两次世界大战，给人类发展带来很大的灾难，让许多人失望。

然而，现今我们看到了更多印度文化对世界的影响。印度文明是以精神力为核心的思维，在殖民时代似乎失败了，但在后来的许多年里，被人们视为精神上的导师，启发和影响了现代的西方文明。

　　那么，到底谁赢了？

　　我们并不能确定地回答这个问题。当物质实力和精神力为主导的两种文明发生冲突，过程和结局都不是非黑即白的。

　　有智慧的人会看到，两种文明间没有真正的输赢。

　　我们应该学会，处在时代不断变化的背景下，更应该以开放、平和的方式面对及抓住机遇。

　　我们比以往任何一个时代，都更加紧密地被连接在一个广泛的生态之中。这要求我们以开放的心态面对市场和竞争。正如弗里德曼所说的，商业生态系统就像自然界的生态系统一样。它必须具有适应性、冒险精神、多样化、可持续性、系统性、不怕且相信失败等特质时，该商业生态就能实现边界最大化，在保留"物种"随机性的同时建立多样性。生态系统中没有强制性的中心控制，各单位具有自治的特质。但是，由于各单位之间彼此高度连接，因此生态圈中的所有生命之间都存在着相互影响、相互促进、谋求共同进化的关系。

　　我们可以看到这种连接带来的不确定性和断层。南美洲的蝴蝶扇动翅膀，大洋洲就会出现风暴。今天的商业社会需要为随时出现的黑天鹅做好准备。企业要像《边缘竞争》一书里提到的那样，以一种动态灵活的姿态面对一切挑战。

　　而另一方面，我们之间的连接构成彼此的依存关系。我们也要思考，我们的商业行为是否在帮助这个生态健康地发展。因为这个生态的健康，也决定了我们自己是不是健康。归根结底，商业不是一种零和游戏。

创新是促进商业生态发展的最好手段。它不但让企业在面对不确定性时占据主动，而且也为生态系统提供了足够的选择。在生态愈加复杂，边界日益模糊的今天，创新的方式也在发生变化。以往人们或是注重将自身业务（产品、服务以及商业模式）做到极致，或是在目前业务边界之外的邻近地带做出新的打法，类似核心竞争力的延伸。而今天，我们看到越来越多的企业，则是尝试在原有的业务与业务之间进行新业务的创新。我们将其称为"跨界激活"。随着科技的高速发展，传统业务间的边界逐渐模糊。企业家必须拥有跨界激活的思维模式，既不把自己局限于既有的环境，又同时主动学习和吸收外部环境的变化。

"布阵"是成功和有效创新的先决条件，就像我们练武术时的"梅花桩"，企业必须首先布好自己的梅花桩，然后在梅花桩上修炼。在修炼的过程中，透过桩与桩之间的"协同"，孕育出新的木桩出来，那就是创新。所以创新需要必然的条件（布阵），但它出现的方式和时空却往往是带了偶然成分的。

从葡萄牙到印度，从物质的力量到精神的力量，人类社会在不断的尝试中获取新的知识，而不变的始终是创新。只有创新，我们才能找到共同进化的道路。

参考文献

第 1 章：大航海时代的开启

1.（英）罗杰·克劳利. 征服者：葡萄牙帝国的崛起 [M]. 陆大鹏，译. 北京：社会科学文献出版社，2016.

第 2 章：新旧之间的断层

1.（美）纳西姆·塔勒布. 黑天鹅：如何应对不可预知的未来 [M]. 万丹，刘宁，译. 北京：中信出版社，2011.

2. *Economic effects of Brexit* [OL]. 2020-04-17. https://en.wikipedia.org/wiki/Economic_effects_of_Brexit.

3. Latorre, M C, Olekseyuk Z, Yonezawa H, et al. *Brexit: everyone loses, but Britain loses the most* [R]. Washington: Peterson Institute for International Economics, 2019.

4. 美团点评研究院. 2018 外卖骑手群体研究报告 [R/OL]. 2018-05-04. https://about.meituan.com/news/institute.

5. 东莞市人社局. 2019 年东莞市企业春节后用工需求信息 [R]. 东莞：东莞市人社局，2019.

6. Shen L. *The world's most valuable company* [N/OL]. Fortune, 2019-12-06. https://fortune.com/2019/12/06/the-worlds-most-valuable-company/.

7. 普华永道. 美国融资金额和融资事件 [R/OL]. https://www.pwc.com/us/en/industries/technology/moneytree/explorer.html#/type=history&category=&currentQ=Q4%20 2018&qRangeStart=Q2%202000&qRangeEnd=Q2%20 2020&chartType=bar

8.（美）詹姆斯·卡斯. 有限与无限的游戏 [M]. 马小悟，余倩，译. 北京：电子工业出版社，2013.

第 3 章："战略第三条路"

1.（美）弗雷德里克·泰勒. 科学管理原理 [M]. 马风才，译. 北京：机械工业出版社，2013.

2.（韩）W. 钱·金，（美）勒妮·莫博涅. 蓝海战略 [M]. 吉宓，译. 北京：商务印书馆，2005.

3.（美）保罗·钮恩斯，提姆·布锐恩. 跨越 S 曲线：如何突破业绩增长周期 [M]. 崔璐，译. 北京：机械工业出版社，2013.

4.（美）托马斯·彼得斯，罗伯特·沃特曼. 追求卓越：美国优秀企业的管理圣经 [M], 胡玮珊，译. 北京：中信出版社，2012.

5.（美）克里斯·祖克，詹姆斯·艾伦. 主营利润：动荡时代的企业成长战略 [M]. 罗宁，宋亨君，译. 北京：中信出版社，2002.

6.（美）保罗·莱因万德，塞萨雷·马伊纳尔迪. 基础优势：以能力驱动战略制胜 [M]. 鲁创创，朱梅，王华祖，译. 上海：上海社会科学院出版社，2014.

7.（美）凯瑟琳·艾森哈特，肖纳·布朗. 边缘竞争 [M]. 吴溪，译. 北京：机械工业出版社，2001.

8. Handy C. *The second curve: thoughts on reinventing society*[M]. New York: Random House Books, 2015.

9. Lewis A, McKone D. *Edge strategy: a new mindset for profitable growth*[M]. Boston: Harvard Business School, 2016.

10. Yu H. *Leap: how to thrive in a world where everything can be copied*[M]. New York: Hachette Book Group, 2018.

11. Toynbee A J. *A study of history (1934 ～ 1961)*[M]. Oxford: Oxford University Press, 1934-1961.

12.（英）阿诺德·汤因比. 历史研究 [M]. 郭小凌，王皖，译. 上海：上海人民出版社，2010.

第4章: 吉姆·哈克特的转型之旅

1. *Welcoming our new robot overlords*[N/OL].*The New Yorker.* 2017-10-16.https://www.newyorker.com/magazine/2017/10/23/welcoming-our-new-robot-overlords.

2. Dubner S J. *Can an industry giant become a tech darling?*[Z/OL] Freakanomics Radio. 2018-11-07. https://freakonomics.com/podcast/ford/.

3. Dubner S J. *Yes the open office is terrible, but it does not have to be*[Z/OL]. Freakanomics Radio. 2019-09-11. https://freakonomics.com/podcast/office-rebroadcast/.

4. （美）理查德·佛罗里达. 创意阶层的崛起 [M]. 司徒爱勤, 译. 北京：中信出版社，2010.

5. （美）尼基尔·萨瓦尔. 隔间：办公室进化史 [M]. 吕宇珺, 译. 桂林：广西师范大学出版社，2018.

6. *World best selling car ranking. The best 100 in 2018* [R/OL].*Focus2move.* 2019-02-06. https://www.focus2move.com/world-best-selling-car-2018/.

7. 前瞻产业研究院. 2019 年全球汽车行业市场分析 [N/OL]. 2019-07-17. https://bg.qianzhan.com/trends/detail/506/190717-d6bb6dce.html.

8. 高风咨询. 未来出行的四种模式 [R/OL].www.gaofengadv.com.

9. Ivanova I. *Millennials are the biggest—but poorest—generation*[N/OL]. CBS News, 2019—11—26. https://www.cbsnews.com/news/millennials-have-just-3-of-us-wealth-boomers-at-their-age-had-21/.

10. Tesla, Inc. *Annual report on form 10—K for the year ended December 31, 2018*[R]. 2019—02—19. https://www.sec.gov/Archives/edgar/data/1318605/000156459019003165/tsla-10k_20181231.htm.

11. Yahoo Finance. *Uber income statement*[R/OL]. 2018. https://finance.yahoo.com/quote/UBER/financials/

12. NIO. *NIO Inc. reports unaudited second quarter 2019 financial results* [R/OL]. 2019—09—24. https://ir.nio.com/static-files/344c29b6-fb3c-4c75-9993-d15b321e9594.

13. 36氪独家：传滴滴 2018 年亏损 109 亿元，司机补贴 113 亿元 [R/OL]，2019. https://36kr.com/coop/yidian/post/5176634.html?ktm_source=yidian&trace_id=1567806208451_l6k9e5UT&project_id=1&key=main_site

第 5 章：互联网公司的秘密

1.（美）布拉德·斯通. 一网打尽：贝佐斯与亚马逊时代 [M]. 李晶，李静，译. 北京：中信出版社，2014.

2. Richter F. *Amazon leads 100 billion cloud market*[OL]. Statista.(2020—02—11).https://www.statista.com/chart/18819/

worldwide-market-share-of-leading-cloud-infrastructure-service-providers/.

3. 中国互联网络信息中心 . 第 44 次《中国互联网络发展状况统计报》[R/OL].(2019-08).http://www.cac.gov.cn/pdf/20190829/44.pd.

4. 金承舟 .《2019 全球与中国网咖行业白皮书》发布，行业市场规模达 1386 亿元人民币 [N/OL]. 懒熊体育，2019-11-21. http://www.lanxiongsports.com/posts/view/id/17350.html

5. Doyle S. *TCP vs UDP: understanding the difference*[N/OL]. Privacy News Online, 2018-12-17.https://www.privateinternetaccess.com/blog/tcp-vs-udp-understanding-the-difference/.

6. 复盘腾讯 17 年 —— 一部 QQ 发展史 [N]. 腾讯云官网 2016. https://cloud.tencent.com/developer/article/1491750

第 6 章：如何成为一个技术公司

1. P&G. *LifeLab at CES*[EB/OL]. 2018.https://www.pgcareers.com/lifelab

2. Engel L. *Five new P&G products you'll find at CES this year*[N/OL]. *Forbes*, 2020-01-05. https://www.forbes.com/sites/lizengel/2020/01/05/five-new-pg-products-youll-find-at-ces-this-year/.

3. 机器人在线 . 顺丰首个机器人配送小哥即将上岗 [N/OL]. 2019-10-

12. http://news.soo56.com/news/20200324/90299w1_0.html.

4. Bowman J. *FANG stocks: what to expect in 2019*[N/OL]. *The Motley Fool*, 2019-08-01. https://www.fool.com/investing/fang-stocks-what-to-expect-in-2019.aspx.

5. Burgelman R A. *Fading memories: a process theory of strategic business exit in dynamic environments* [J]. *Administrative Science Quarterly*, 1994, 39(1): 24-56.

6. High P. *The father of the Internet, Vint Cerf, continues to influence its growth*[N/OL]. *Forbes*, 2018-3-26. https://www.forbes.com/sites/peterhigh/2018/03/26/the-father-of-the-internet-vint-cerf-continues-to-influence-its-growth/#24373f5949e5

7. *Al Gore and information technology*[EB/OL]. 2020-06-14. https://en.wikipedia.org/wiki/Al_Gore_and_information_technology

8. SFGate. *OPSWARE INC./On the record: Marc Andreessen*[EB/OL]. 2003-12-07. https://www.sfgate.com/business/ontherecord/article/OPSWARE-INC-On-the-record-Marc-Andreessen-2525822.php.

9. O'brien J M. *The Paypal mafia*[N/OL]. *Fortune*, 2007-11-13. https://fortune.com/2007/11/13/paypal-mafia/.

10. Denning S. *Shooting for the Moon: PayPal's Max Levchin on taking risk*[N/OL]. *Forbes*, 2018-05-22. https://www.

forbes.com/sites/stephaniedenning/2018/05/22/shooting-for-the-moon-paypals-max-levchin-on-taking-risk/#7db95bb17fbd.

11. Black J. *Max Levchin: online fraud-buster*[N/OL]. Bloomberg, 2002-10-01. https://www.bloomberg.com/news/articles/2002-09-30/max-levchin-online-fraud-buster

12. (美)尼葛洛庞帝. 数字化生存 [M]. 胡泳、范海燕, 译. 海口: 海南出版社, 1996.

13. (美)布莱恩·阿瑟. 技术的本质 [M]. 曹东, 王健, 译. 杭州: 浙江人民出版社, 2014.

14. Liao S. *The eight most outrageous things cities did to lure Amazon for HQ2*[N/OL]. The Verge, 2017-10-19. https://www.theverge.com/2017/10/19/16504042/amazon-hq2-second-headquarters-most-funny-crazy-pitches-proposals-stonecrest-new-york.

15. Thompson N. *Tristan Harris: tech is 'downgrading humans.' It's time to fight back*[N/OL]. *Wired*, 2019-04-13. https://www.wired.com/story/tristan-harris-tech-is-downgrading-humans-time-to-fight-back/.

16. Thompson N. *Our minds have been hijacked by our phones. Tristan Harris wants to rescue them*[N/OL]. *Wired*, 2017-07-26. https://www.wired.com/story/our-minds-have-been-hijacked-by-our-phones-tristan-harris-wants-to-rescue-them/.

17. Harris T. *How a handful of tech companies control billions of minds everyday*[Z/OL]. Ted Talk. 2017-04. https://www.ted.com/talks/tristan_harris_how_a_handful_of_tech_companies_control_billions_of_minds_every_day.

18. Bradley T. *Microsoft reveals the power of 'tech intensity'* [N/OL]. *Forbes*, 2019-12-18. https://www.forbes.com/sites/tonybradley/2019/12/18/microsoft-reveals-the-power-of-tech-intensity/#6b03f1e06714.

第 7 章: 想象的共同体

1. 北京有机农夫市集公众号. 拒绝资本农夫市集, 怎样团结人的力量重建食物体系 [N/OL]. 2017-08-05. https://mp.weixin.qq.com/s/mhIRliA07gbvjO9pVN5FjQ.

2. Darmiento L. *Ethan Brown went vegan but missed fast food, so he started a revolution*[N/OL]. *Los Angeles Times*, 2020-01-10. https://www.latimes.com/business/story/2020-01-08/beyond-meat-founder-ethan-brown.

3. Foster T. *Friends thought beyond meat's founder was crazy. His billion-dollar IPO proved them wrong*[N/OL]. Inc., 2019. https://www.inc.com/magazine/201908/tom-foster/ethan-brown-beyond-meat-alternative-protein-plant-burger-ipo-public-whole-foods.html.

4. University of Missouri System, Beyond Meat. *Built on MU*

Professor's research, meatless burger sells out[N/OL]. 2016−05−24. https://www.chicagotribune.com/business/ct−beyond−burger−20160524−story.html

5. Friedman Z. *Why Bill Gates and Richard Branson invested in 'clean' meat*[N/OL]. *Forbes,* 2017−08−25. https://www.forbes.com/sites/zackfriedman/2017/08/25/why−bill−gates−richard−branson−clean−meat/#5b7d80daaf27.

6. Kramar A, Clifford C. *How beyond meat became a $550 million brand, winning over meat−eaters with a vegan burger that 'bleeds'* [N/OL].CNBC, 2019−01−21. https://www.cnbc.com/2019/01/21/how−bill−gates−backed−vegan−beyond−meat−is−winning−over−meat−eaters.html.

7. Clifford C. *Whole foods turns 38: how a college dropout turned his grocery store into a business Amazon bought for $13.7 billion*[N/OL].CNBC, 2018−09−20. https://www.cnbc.com/2018/09/20/how−john−mackey−started−whole−foods−which−amazon−bought−for−billions.html.

8. Whitford D. *John Mackey: 4 decisions that built whole foods*[N/OL]. *Inc*, 2015−05. https://www.inc.com/magazine/201505/david−whitford/john−mackey−whole−foods−icons−of−entrepreneurship.html.

9. Friedman M, Mackey J, Rodgers T J. *Rethinking the social responsibility of business: a reason debate featuring*

Milton Friedman, Whole Foods' John Mackey, and Cypress Semiconductor's T.J.Rodgers[N/OL]. Reason.com, 2005-10-01. https://reason.com/2005/10/01/rethinking-the-social-responsi-2/.

10. 银海. 牛啤经: 精酿啤酒终极宝典 [M]. 郑州: 中原农民出版社, 2016.

11. Inc. *Fritz Maytag, anchor brewing for setting limits*[N/OL]. 2015. https://www.inc.com/magazine/20050401/26-maytag.html.

12. Groessman K. *Beyond the pale: the story of Sierra Nevada Brewing Co*[M]. Hoboken: John Wiley & Sons, Inc, 2013.

13. Johnson N. *The real story of supreme: how an upstart NYC skate brand changed fashion forever*[N/OL]. *GQ*, 2019-07-24. https://www.gq.com/story/inside-supreme.

14. SkateDeluxe. *History of skateboarding*[OL]. https://www.skatedeluxe.com/blog/en/wiki/skateboarding/history-of-skateboarding/.

15. (美)戴维·阿克, (中)王子宁. 品牌大师: 塑造成功品牌的 20 条法则 [M]. 陈倩, 译. 北京: 中信出版社, 2015.

16. (美)戴维·阿克. 品牌相关性: 将对手排除在竞争之外 [M]. 金珮璐, 译. 北京: 中国人民大学出版社, 2014.

17. (美)本尼迪克特·安德森. 想象的共同体: 民族主义的起源与散布 [M]. 吴叡人, 译. 上海: 上海人民出版社, 2005.

18. (以色列)尤瓦尔·赫拉利. 人类简史: 从动物到上帝 [M].

林俊宏，译．北京：中信出版社，2014.

第8章：生态系统的养成

1. 陈威如，余卓轩．平台战略：正在席卷全球的商业模式革命 [M]．北京：中信出版社，2013.

2. 忻榕，陈威如，侯正宇．平台化管理：数字时代企业转型升维之道 [M]．北京：机械工业出版社，2019.

3. Kelly K. *Out of control: the new biology of machines, social systems, and the economic world*[M]. New York: Perseus Publishing, 1994.

4. Friedman T. *Thank you for being late: an optimist's guide to thriving in the age of accelerations*[M]. New York: Farrar, Straus and Giroux, 2016.

5. European Commission. *The 2018 EU industrial R&D investment scoreboard* [R/OL]. 2019-09-10. https://publications. jrc.ec.europa.eu/repository/bitstream/JRC113807/eu_rd_scoreboard_2018_online.pdf.

第9章：组织的意识

1. Schmidt E, Rosenberg J, Eagle A. *Redefining the company: how Google works*[M]. New York: Hachette Book Group, 2014.

2. Dweck C S. *Mindset: the new psychology of success*[M]. New York: Random House, 2006.

3. Geus A D, Senge P. *The living company* [M]. Boston: Harvard Business School Press, 1997.

4. Senge P. *The fifth discipline: the art and practice of the learning organization* [M]. New York: Currency Doubleday, 1990.

5. 田涛，吴春波. 下一个倒下的会不会是华为 [M]. 北京：中信出版社，2017.

6. Jackowicz D. *From `learning organization' to `adaptive organization'* [J]. *Management Learning*, 2000.

7. Rodin J. *The resilience dividend: being strong in a world where things go wrong* [M]. New York: Public Affairs, 2014.

第 10 章：Mindfulness（觉醒性）和领导力

1. Kouzes J M, Posner B Z. *The leadership challenge* [M]. San Francisco: John Wiley & Sons, Inc, 1987.

2. Martin R. *The opposable mind: how successful leaders win through integrative thinking* [M]. Boston: Harvard Business School，2007.

3. Dalio R. *Principles* [Z/OL] .2017. https://www.principles.com.

4. 陈立伟，魏星. 正念领导力：激发活力和潜能的领导智慧 [M]. 北京：清华大学出版社，2019.